예루살렘과 아테네의 대화 V

신현용

표지 속 두루마리에 적혀진 내용은 다음과 같습니다.

위 태초에 하나님이 천지를 창조하시니라(창세기 1장1절)
아래 다음을 공준으로 한다. 임의의 점과 다른 점을 직선으로 이을 수 있다.(유클리드 〈원론〉 공준 1)

일러두기

저자가 기독 신앙과 수학을 언급하며 여러 곳 여러 차례에 걸쳐 행한 강연을 모아 '〈예루살렘과 아테네의 대화〉 시리즈'로 출간합니다. 이 시리즈의 성격, 취지, 그리고 형식 등은 다음과 같습니다.

1. 저자는 예루살렘 전통의 핵심은 기독 신앙이고 아테네 전통의 핵심은 수학이라고 생각합니다. 이 책은 기독 신앙과 수학을 제약 없이 편하게 이야기합니다.

2. 카르타고의 교부 터툴리안(Tertulian, 2-3세기)은 '아테네가 예루살렘과 무슨 상관이 있는가?'라고 냉소적으로 물은 적이 있습니다. '수학과 기독 신앙 사이에 무슨 관계가 있는가?'라는 질문입니다. 이 시리즈의 입장은 터툴리안의 생각과 기본적으로 다릅니다. 아테네 전통과 예루살렘 전통은 깊이 어우러져 있고 수학과 기독 신앙, 즉 지성과 영성은 분리될 수 없다는 생각입니다.

3. 이 시리즈의 제목은 '대화'이지만 저자 혼자서 예루살렘 전통과 아테네 전통 각각의 이야기를 모두 이야기합니다. 따라서 이 시리즈에는 저자 개인의 시각과 취향이 깊이 배어 있을 수 있습니다.

4. 이 시리즈의 한 '묶음'은 여섯 권의 책으로 이루어집니다. 각각의 책에는 두 개 강연이 있습니다. 처음 두 책 각각은 두 명의 사람을 중심으로, 다음 두 책 각각은 두 개의 수학 주제를 중심으로, 나머지 두 책 각각은 두 곳의 기독 성지(한국 소재)를 중심으로 이야기합니다. 결국, 한 '묶음'은 '수학의 사람' 네 명, '수학의 주제' 네 개, '수학의 순례' 네 곳을 이야기합니다. '〈예루살렘과 아테네의 대화〉 시리즈'는 이런 형식의 '묶음'과 강연으로 계속될 것입니다.

5. 이 시리즈에서의 순례지는 대부분 가톨릭교회의 소속입니다. 이 순례는 18세기 후반부터 약 250년에 걸친 한국의 기독 신앙 발자취 모두를 한국 교회의 한결같은 역사로 인식하므로 '가톨릭교회'와 '개신교회'를 구분하지 않습니다.

6. 이 책에는 강연에서 사용된 피피티 슬라이드가 그대로 제시됩니다. 이 책 각 면의 위에는 피피티 슬라이드가, 아래에는 강사의 설명이 있습니다. 설명이 긴 경우에는 동일한 슬라이드가 두 번 사용될 수 있습니다.

7. 모든 이야기는 실제 강연과 함께 제공됩니다. 책을 먼저 읽고 강연 동영상을 보면 효과적일 것입니다. 강연은 대략 한 시간 분량입니다. 강연은 책의 내용을 바탕으로 진행되지만, 책의 내용과 다소 다를 수 있습니다.

일부 슬라이드에는 그림 또는 한복을 입힌 초상화가 삽입되어 있습니다. 그림은 신실라 박사께서 그렸고, 초상화는 제주특별자치도교육청 김영관 장학관께서 그렸습니다.

강연 촬영은 전문가의 도움을 받지 아니하고 저자가 직접 촬영하였습니다. 화면 구성이나 조명 등에서 미숙함이 있을 것입니다. 강연 동영상은 해당 강연 자료의 앞부분에 QR-코드를 통해 제공됩니다. 이 책에 제공되는 동영상보다 더 나은 동영상을 촬영하게 되면 동일한 QR-코드로 더 나은 동영상을 제공하겠습니다.

이 시리즈에 있는 모든 오류는 저자의 책임입니다. 잘못을 발견하면 저자에게 이메일(mathesign@naver.com)을 통하여 알려주시기 바랍니다. 지적된 내용에 대해서는 검토 후 적극적으로 반영하도록 하겠습니다.

강연에 도움이 될 것으로 여겨지는 그림이나 사진 등을 인터넷을 통해 얻어 사용합니다. 이 책의 저자와 출판사는 사용된 그림이나 사진 중 일부의 저작권자를 찾지 못하였습니다. 저작권자를 찾으면 그림이나 사진의 사용 허가에 관하여 논의하겠습니다.

〈예루살렘과 아테네의 대화〉 시리즈 강연은 충청북도 청주시 흥덕구 오송읍에 소재하는 '아름다운 도서관(관장: 김종현 목사)'이 장소를 허락함으로 시작되었습니다. 강연 동영상 대부분은 그 강연을 촬영한 것입니다. 장소 제공뿐만이 아니라 촬영 등 여러모로 도움을 준 '아름다운 도서관'에 감사합니다.

2023년 8월 신현용

차례

앵자봉: 생기를 그 코에 **9**

전동성당: 순교를 지켜본 돌들 **161**

앵자봉: 생기를 그 코에

1

예루살렘과 아테네의 대화

"

"

2

앵자봉: 생기를 그 코에

"

오늘의 강연 제목입니다.

"

3

여는 말

"

"

4

"

조선 정조 치세 중 약 10여 년 기간의 이야기입니다.
이 강연은 '역사강의'가 아닙니다.
역사에서 수학에 주목할 뿐입니다.

"

5

> **동양 전통: "산학(算學)"**
> **아테네 전통: "수학(數學)"**
>
> **기능**
> **논리 전개 방식, 언어와 문법**
>
> **16세기 말**

"
동양 전통에 산학이 있고,
아테네 전통에 수학이 있습니다.
이 둘은
세고 더하고 곱하는 등의 기능에서는 비슷하지만,
논리 전개 방식에서는 완전히 다릅니다.
겉은 같아 보이지만 속은 다르다는 말입니다.
이 둘은 16세기 말에 진지하게 만납니다.
"

6

> 동양 전통: 불교, 유교, 힌두교, …
> 예루살렘 전통: 기독 신앙
>
> 외형적 형식
> 교의(敎義, dogma)
>
> 언제?

"
동양 전통에 불교, 유교, 힌두교 등이 있고,
예루살렘 전통에 기독 신앙이 있습니다.
이 둘은 나름의 의식이 있는 등 외형적으로는 비슷하지만,
교의, 즉 도그마에서는 완전히 다릅니다.
겉은 같아 보이지만 속이 다르다는 말입니다.
이 둘은 언제 만날까요?
"

7

"

"

8

> 성령이 아시아에서 말씀을 전하지 못하게 하시거늘 브루기아와 갈라디아 땅으로 다녀가 무시아 앞에 이르러 비두니아로 가고자 애쓰되 예수의 영이 허락지 아니하시는지라 무시아를 지나 드로아로 내려갔는데 밤에 환상이 바울에게 보이니 마게도냐 사람 하나가 서서 그에게 청하여 가로되 마게도냐로 건너와서 우리를 도우라 하거늘 바울이 이 환상을 본 후에 우리가 곧 마게도냐로 떠나기를 힘쓰니 이는 하나님이 저 사람들에게 복음을 전하라고 우리를 부르신 줄로 인정함이러라(사도행전 16:6-10).

"

사도 바울은 아시아 쪽으로 전도 여행하고자 했지만
예수의 영이 허락하지 않았습니다.
'건너와서 우리를 도우라'는 마게도냐 사람의 환상을 본 것입니다.

"

9

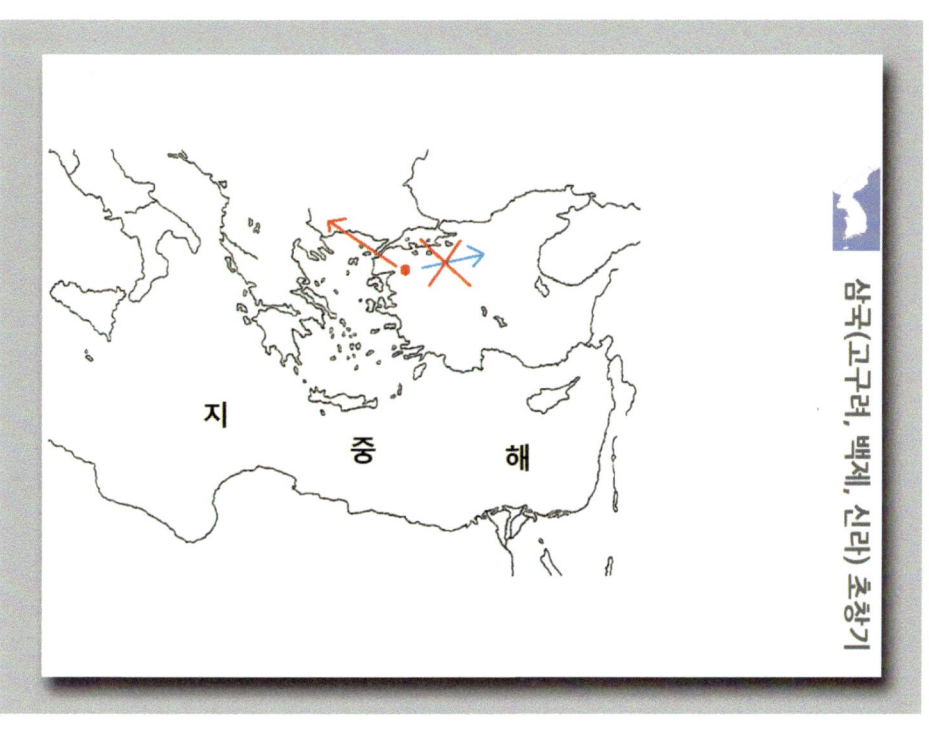

"
(지도에서 해당 부분을 각각 가리키며)
이쪽으로 가고자 했으나 이쪽으로 갔습니다.
저는 이 부분에서 안타까움을 느낍니다.
(지도에서 해당 부분을 각각 가리키며)
이 방향의 끝에
(지도에서 해당 부분을 각각 가리키며)
한 작은 나라가 있기 때문입니다. 당시는 삼국시대 초기였습니다.
이 사건에 대해 어떤 역사학자는 다음과 같이 말했습니다.
"

10

> "When a wooden boat carried the Apostle Paul
> from Troas of Asia Minor to Greece,
> it moved the center of the world
> from the birth place of civilization
> to Mediterranean and to the European Continent."
> -A. Toynbee, ⟨A Study of History⟩
>
> 아테네 전통　　예루살렘 전통

"
사도 바울을 실은 배가 그리스로 향하므로
세계의 중심이 유럽으로 옮겨졌답니다.
저도 이 말에 동의합니다.
그리스에는 이미 아테네 전통이 있었습니다.
거기에 예루살렘 전통이 더해졌습니다.
매우 부럽죠?
이 둘의 만남은 처음부터 화기애애했던 것은 아닙니다.
아테네 전통의 핵심인
"

11

> 수학
> "에비구레오와 스도이고 철학자
> Epicurean and Stoic philosophers"
>
> 성경
> 바울
>
> 아테네: 이 말장이가 무슨 말을 하고자 하느뇨?
> What is this ignorant show-off trying to say?

"

수학으로 무장한 철학자들은
예루살렘 전통의 핵심인 성경으로 무장한 사도 바울을
거칠게 대했습니다.

'이 말장이가 무슨 말을 무슨 말을 하고자 하느뇨?'

"

12

> 수학
> "에비구레오와 스도이고 철학자
> Epicurean and Stoic philosophers"
>
> 성경
> 바울
>
> 아테네: 이 말장이가 무슨 말을 하고자 하느뇨?
> What is this **ignorant** show-off trying to say?
> 예루살렘: 너희가 알지 못하고 위하는 그것을
> 내가 너희에게 알게 하리라.
>
> 이성, 영성
>
> 수학, 성경
>
> "서양 전통": Hellenism, Hebraism

"
이 말의 어떤 영어 번역은 이렇습니다.
'이 무식한 허풍쟁이가 무슨 말을 하려는 거야?'
아테네 전통을 모르는 사람을 모두 무식하다고 전제하는군요.
예루살렘도 고분고분할 리가 없죠.
'내가 보니 당신들은 종교심이 많더구나.
제우스, 아테나이, 아폴로 등 많은 신들이 있고,
심지어 알지 못하는 신에게까지 제사를 드리니 말이다.
내가 진짜 신이 누군지 알게 해주겠다.'
예루살렘의 반응이 만만치 않죠?
"

13

> 수학
> "에비구레오와 스도이고 철학자
> Epicurean and Stoic philosophers"
>
> 성경
> 바울
>
> 아테네: 이 말장이가 무슨 말을 하고자 하느뇨?
> What is this **ignorant** show-off trying to say?
> 예루살렘: 너희가 알지 못하고 위하는 그것을
> 내가 너희에게 알게 하리라.
>
> 이성, 영성
>
> 수학, 성경
>
> "서양 전통" : Hellenism, Hebraism

"

아테네 전통은 지성,
예루살렘 전통은 영성에 주목하고 있습니다.
아테네 전통과 예루살렘의 전통,
즉 수학과 성경은 이렇게 치열하게 부딪히면서 서로를 건강하게 하며
서양 전통을 이루어 갔습니다.
헬레니즘과 헤브라이즘입니다.

"

14

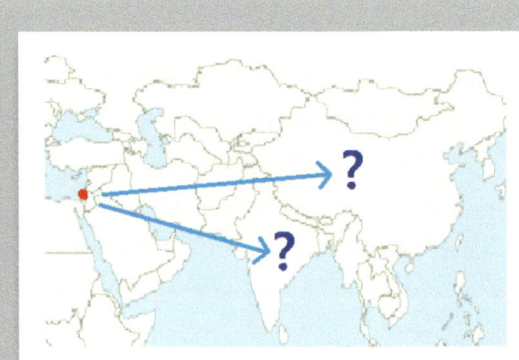

오직 성령이 너희에게 임하시면 너희가 권능을 받고 예루살렘과 온 유대와 사마리아와 **땅끝까지 이르러** 내 증인이 되리라 하시니라(사도행전1:8).

"지상명령 至上命令"

"
바울이 유럽으로 갔기 때문에
(지도의 해당 부분을 가리키며)
이 광활한 아시아 대륙은 버려졌을까요?
그럴 리가 없습니다.
예수의 제자들은
'땅끝까지 이르러' 증인이 되라는 지상명령을 받았거든요.
"

15

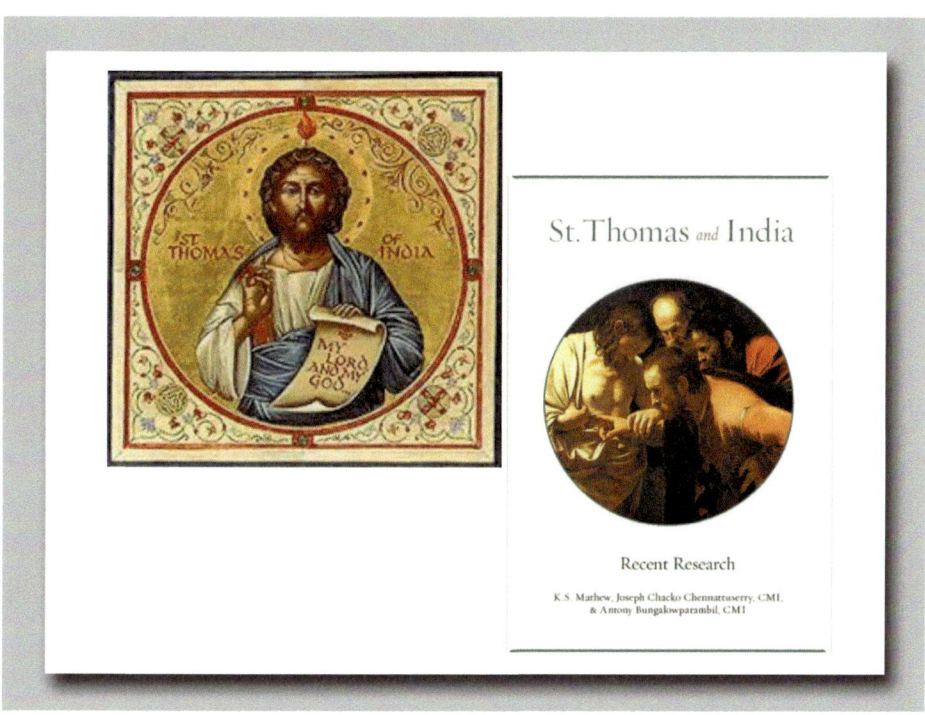

"

전승에 의하면
사도 도마는

"

16

"

인도에 와서 전도하였고

"

17

⟨Martyrdom of St Thomas⟩(P. Rubens, 1577-1640)

"

인도에서 순교하였습니다.

"

18

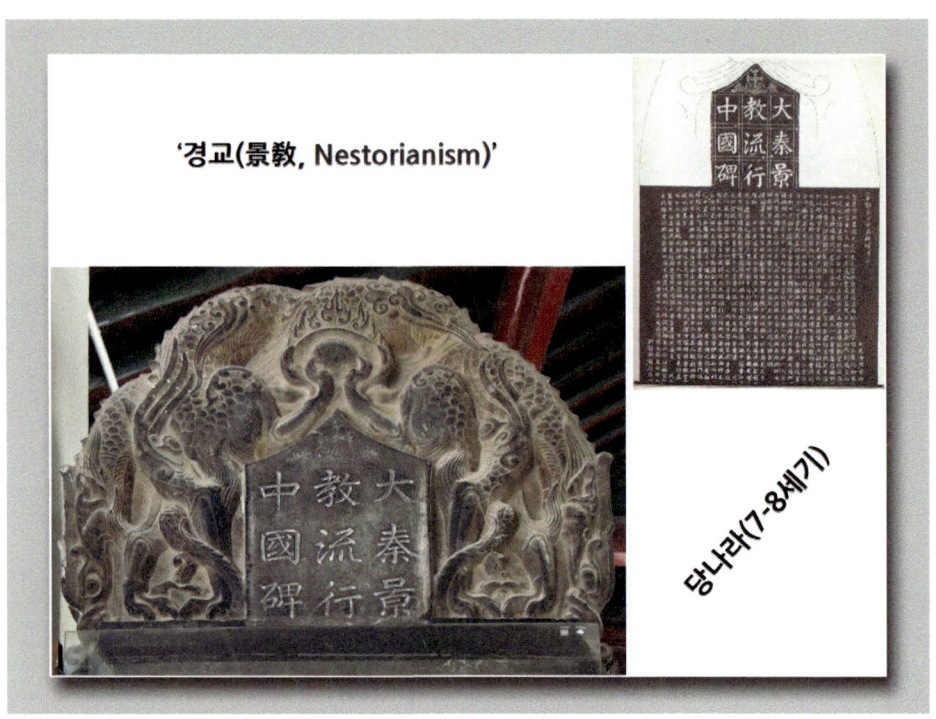

"

중국에서는 7, 8세기에 걸쳐
경교가

"

19

"

유행하였습니다.
경교는 많이 변질되기는 하였지만
기독 신앙의 한 분파였습니다.
이 외에도 아시아 지역에 온 선교사는 많았을 것입니다.

"

20

> 예수회(The Society of Jesus)
>
> 하비에르(F. Javier, 1506-1552) : 1549년, 일본
>
> 마테오리치(Matteo Ricci, 1552-1610): 16세기 말, 중국
> 〈天主實義〉

"

예수회를 창립한 사람 중 하나인 하비에르는
16세기 중엽, 일본에 기독 신앙을 전하였고,
마테오리치는 16세기 말,
중국에 기독 신앙을 전하였습니다.
마테오리치는 특히 주목하여야 합니다.
그는 어려운 한자를 익혀
한자로 〈천주실의〉라는 교리서를 썼습니다.

"

21

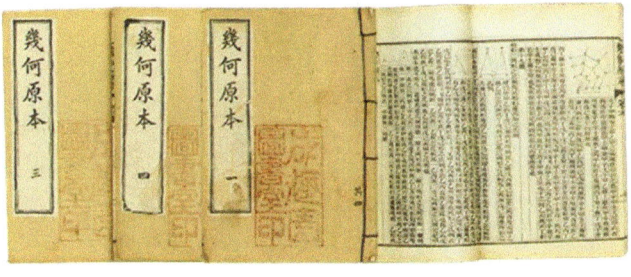

"

더 주목할 것은 서양 수학을 번역하여 소개하였다는 것입니다.
〈기하원본〉입니다.

"

앵자봉: 생기를 그 코에 31

22

예수회(The Society of Jesus)

하비에르(F. Javier, 1506-1552) : 1549년, 일본

마테오리치(Matteo Ricci, 1552-1610): 16세기 말, 중국
〈天主實義〉, 〈기하원본〉

동양 산학(算學), 서양 수학(數學)

서양 수학: 기독 신앙과 함께

중국 전통, 예루살렘 전통, 아테네 전통

"

동양 산학과 서양 수학이 진지하게 만난 것입니다.
중국에 서양 수학은 기독 신앙과 함께 소개되었습니다.
중국 전통이 예루살렘 전통
그리고 아테네 전통과 어우러지게 되었습니다.

"

23

조선(朝鮮)은?

이수광(李睟光, 1563-1628): 〈지봉유설 芝峰類說〉
마테오 리치 〈천주실의 天主實義〉 소개

소현세자(昭顯世子, 1612-1645)

이익(李瀷, 1681-1763)
〈발천주실의 跋天主實義〉

1794년(正祖 治世) 이전

"
조선은요?
1794년 이전에는 조선에 전교하기 위해 온 전도자는 없었습니다.
조선 사람이 중국에 가거나 책을 통해
기독 신앙과 서양 수학을 접하고 조선에 간략히 소개하였습니다.
예를 들어, 이수광이 그랬습니다.
성호 이익은 〈천주실의〉를
나름 진지하게 읽고 소개하였습니다.
여기서 소현세자를 주목하여야 합니다.
"

24

병자호란(丙子胡亂, 1636년)

소현세자(昭顯世子, 1612-1645): 약 8년간 청나라

기독 신앙, 서양 학문

인조　　　"적(敵)"

봉림대군: 효종(孝宗, 1619-1659)

북벌(北伐)?　수학으로 무장한 청(淸)을, 수학을 무시한 조선이?

"
병자호란 후,
볼모로 심양에 가서 약 8년간 지내며
기독 신앙과 서양 수학을
적극적이고 긍정적으로 접했습니다.
후에 왕위에 오르면 조선을
기독 신앙과 서양 수학으로 굳건하게 세우고 싶었을 것입니다.
소현세자는 귀국 길에 천주교 신자 몇 명도 대동하였습니다.
그러나 인조는 귀국한 세자를 적으로 여겼습니다.
"

25

병자호란(丙子胡亂, 1636년)

소현세자(昭顯世子, 1612-1645): 약 8년간 청나라

기독 신앙, 서양 학문

인조　　　

봉림대군: 효종(孝宗, 1619-1659)

북벌(北伐)?　수학으로 무장한 청(淸)을, 수학을 무시한 조선이?

"
자기에게 수치를 당하게 한 청나라에 대해
우호적인 세자가 미웠나 봅니다.
소현세자는 귀국 후 3개월도 되지 않아 죽고,
소현세자의 아들이 아닌 동생이 왕위를 이었습니다.
효종입니다. 효종은 북벌을 계획했습니다.
수학을 무시한 조선이 수학으로 무장한 청나라를 정벌하겠다는 것입니다.
홧김에 한 소리이거나 정치적 수사(修辭)이었겠죠?
지나가는 소가 웃을 일이었습니다.
"

26

1770년대 후반

천진암(경기도 앵자봉 자락)

"교회(敎會)": 기독 **신앙**
"학회(學會)": 서양 **수학**

"**자생(自生)**"

"
소현세자의 꿈이 짓밟힌 지 150년이 지난
1770년 대 후반,
경기도 앵자봉 자락에 특별한 모임이 있었습니다.
기독 신앙의 교회가 선 것입니다.
선교사 없이 홀로 선 것입니다.
서양 수학의 학회가 섰습니다.
가르쳐 준 사람 없고 외국에 나가 배워온 사람 없는데
스스로 선 것입니다.
참으로 이례적인 일입니다.
"

27

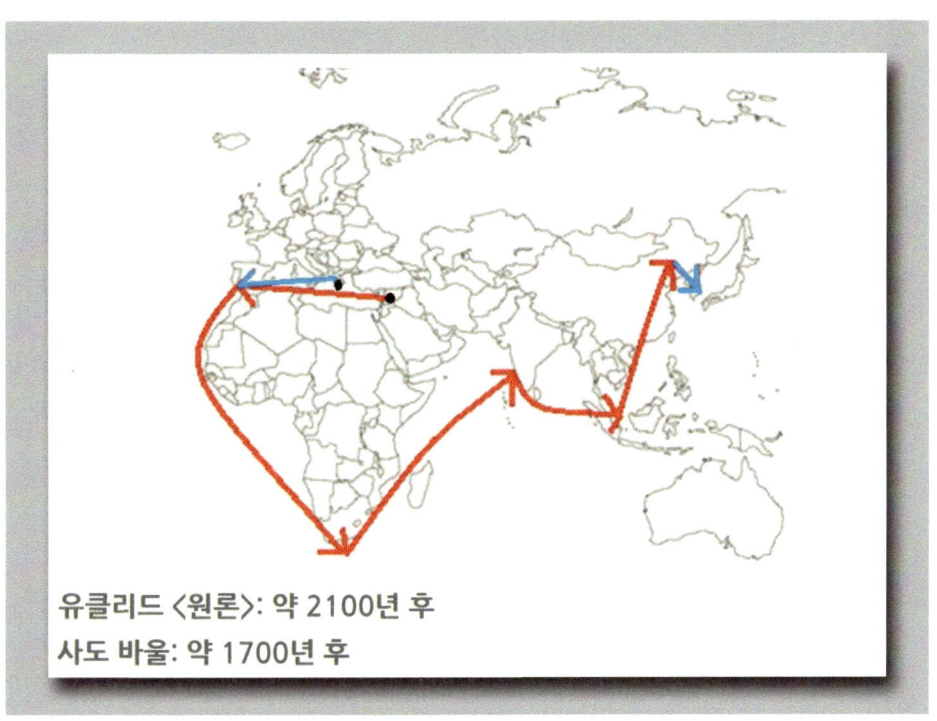

유클리드 〈원론〉: 약 2100년 후
사도 바울: 약 1700년 후

"

예루살렘 전통과 아테네 전통이
(지도의 해당 부분을 가리키며)
이 길을 따라
조선에 닿았고 진지하게 여겨진 것입니다.
유클리드 〈원론〉 이후 2100년,
사도 바울의 전도 이후 1700년의 일입니다.

"

28

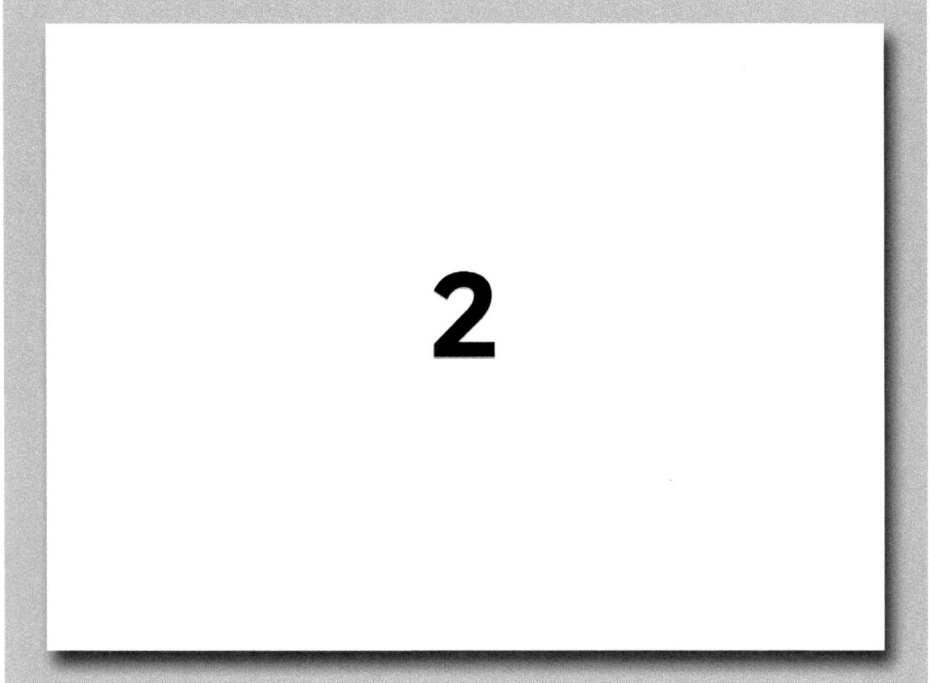

"

"

29

앵자봉(鶯子峰)

"

앵자봉의 여주방면 자락에

"

30

"

주어사가 있었습니다.
조선의 숭유억불 정책으로 폐사된 이곳에서
강학회가 시작되었습니다.
강학회는

"

31

"

양자봉을 넘어
광주 방면 자락에 있던

"

32

"

천진암에서 이어졌습니다.
천진암도 폐사였습니다.

"

33

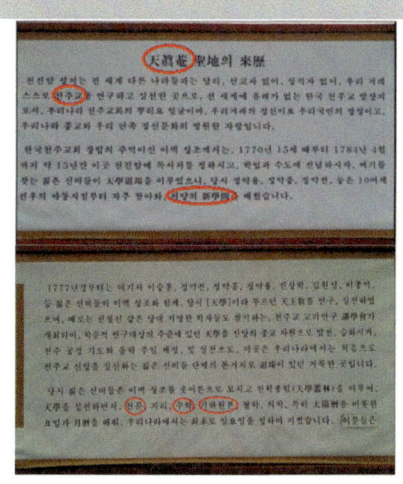

천진암강학회(天眞菴講學會): 교회(기독 신앙), 학회(서양 수학)

자생

권철신, 이벽, 이승훈, 정약용, 권상학, 김원성, 이총억, …

"

교회이며 학회인 강학회에는
'자생' 외에 또 하나의 특징이 있었습니다.
참가자들의 면면을 보세요.
당시 최고의 학자들과
명문 가문의 자제들입니다.
조선에 큰 영향을 끼치거나 끼칠 수 있는 사람들입니다.

"

34

여호와 하나님이 흙으로 사람을 지으시고
생기를 그 코에 불어 넣으시니
사람이 생령이 된지라(창세기2:7)

"

조선에 '생기'가 깃든 것입니다.

"

35

> 여호와 하나님이 흙으로 사람을 지으시고
> **생기**를 그 코에 불어 넣으시니
> 사람이 **생령**이 된지라(창세기2:7)
>
> 정조(正祖)

"
조선이 '생령'이 될 참입니다.
이제 '나라다운 나라'가 될 것입니다.
개혁 군주 정조 치세였습니다.
"

36

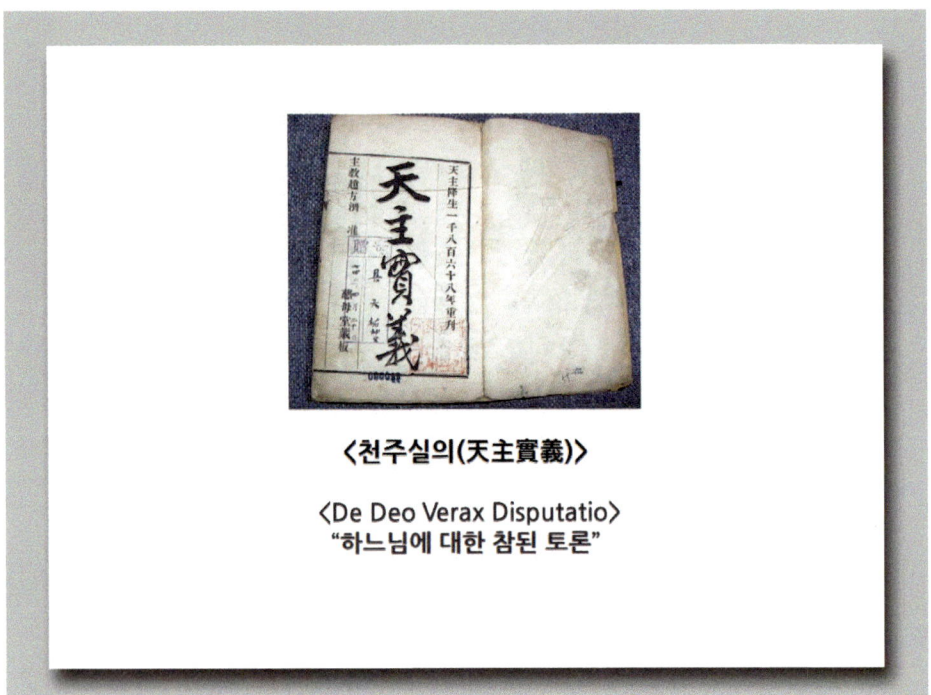

⟨천주실의(天主實義)⟩

⟨De Deo Verax Disputatio⟩
"하느님에 대한 참된 토론"

"

그들은 ⟨천주실의⟩를 읽었습니다.
하나님에 대해 진지하게 토론했습니다.

"

37

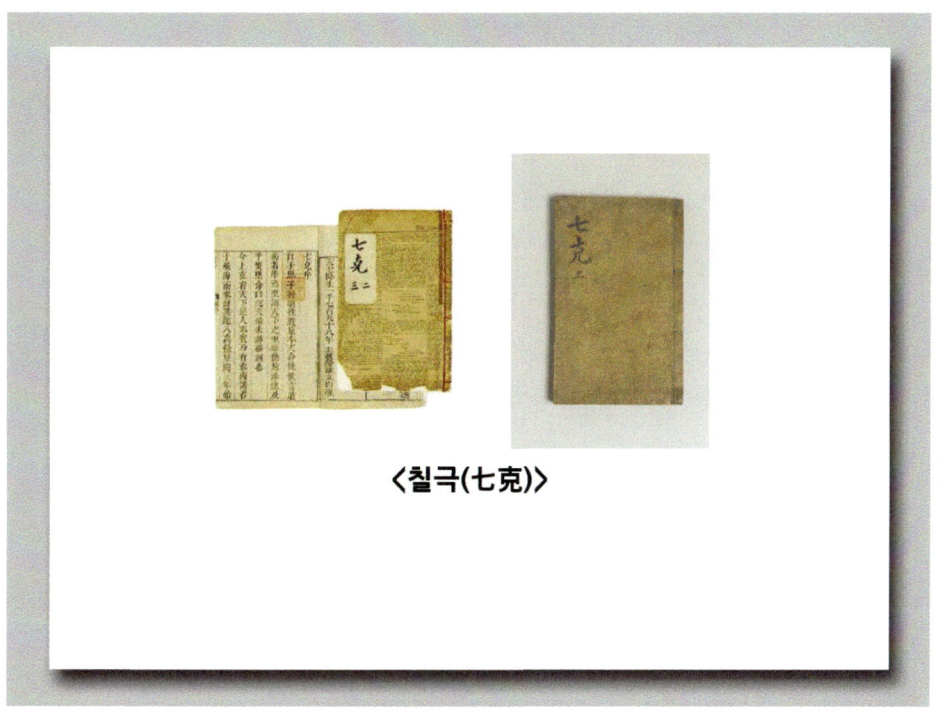

〈칠극(七克)〉

"

〈칠극〉을 읽으며 기본적인 죄 일곱 가지를
어떻게 신앙적으로 극복하는지를 배웠습니다.

"

38

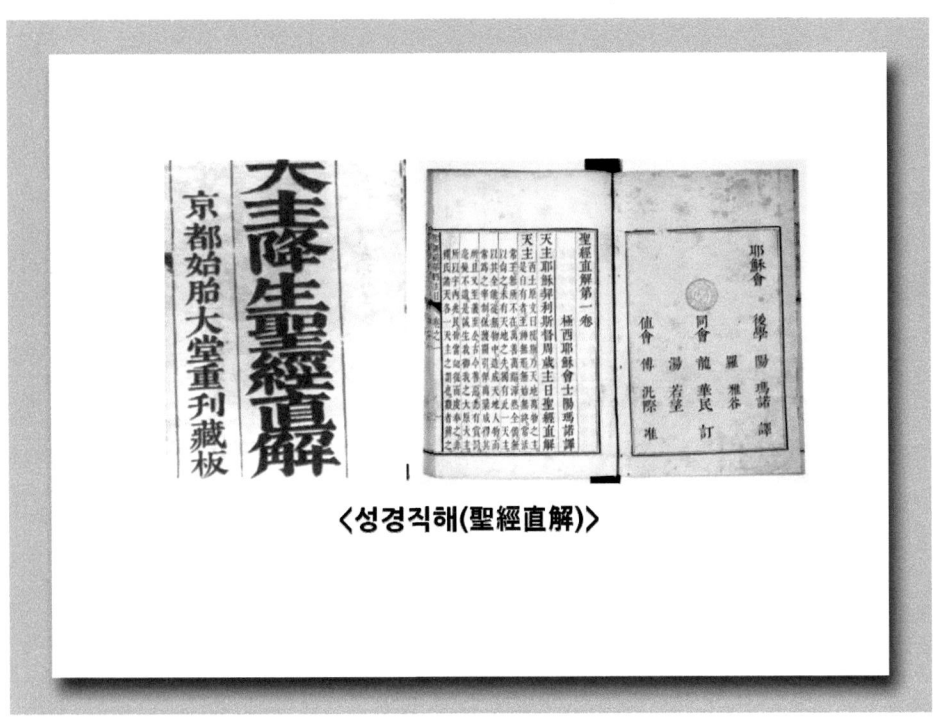

〈성경직해(聖經直解)〉

"

성경이 한자로 아직 번역되지 않은 상황에서
성경의 개요를 소개하는 〈성경직해〉를 읽었습니다.
게다가

"

39

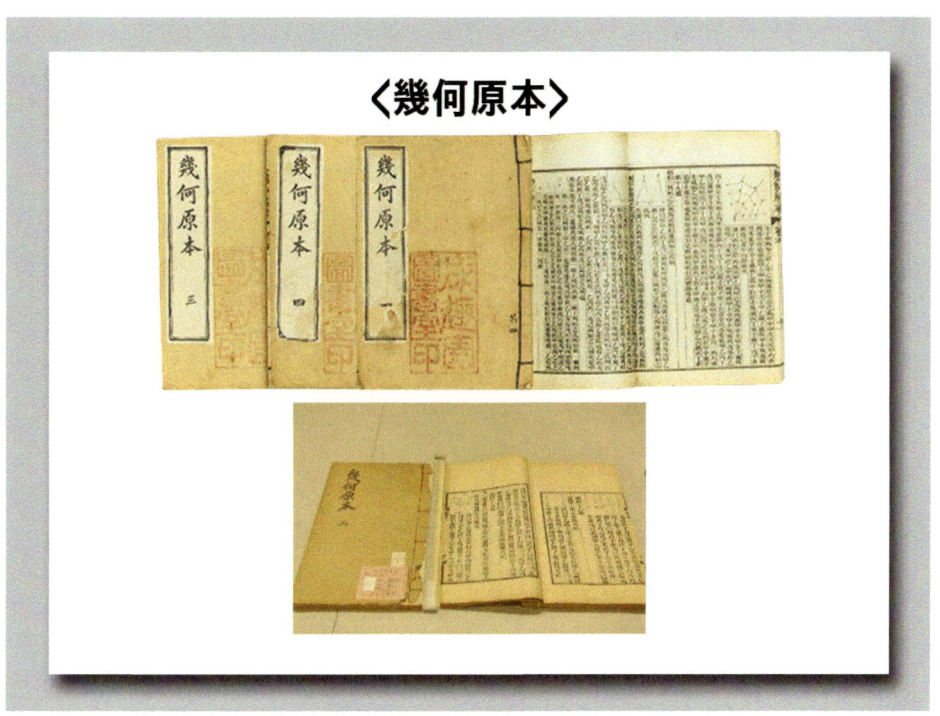

"

〈기하원본〉을 읽었습니다.
그들에게는 신선한 충격이었을 것입니다.

"

40

> <천주실의>: 새로운 가치관, 새로운 신앙
> 공자, 맹자, 주자, …
> "고담준론(高談峻論)"
>
> <기하원본>: 새로운 가르침, 새로운 학문
> "산학(算學)"
> 철학, 정신

"

<천주실의>는 새로운 가치관, 새로운 신앙을 알려줬습니다.
공자, 맹자, 주자를 외우는 고담준론이 아니었습니다.
<기하원본>은 산학이 소개하는 단순한 기술이 아니었습니다.
서양 수학의 철학, 정신, 그리고 언어와 문법이
동양 전통의 산학과는 완전히 달랐습니다.

"

41

이벽의 집(서울 수표교 부근)

"명례방"
역관 (譯官) **김범우**(金範禹, 1751-1787)의 집

"

강학회는 한양으로 옮겨 갔습니다.
더 많은 사람이 관심을 가지게 된 것입니다.
강학회는 곧 역관 김범우의 집인 '명례방'으로 갔습니다.
양반인 이벽의 집보다
중인의 집이 더 효율적이었나 봅니다.

"

42

1784: 이승훈(李承薰, 1756-1801) 영세

"

강학회에 참석하던 이승훈은
중국에 가서 세례를 자청하였습니다.

"

43

"을사추조적발사건(乙巳秋曹摘發事件)"

1785년

"
그런데 1785년에 사건이 발생하였습니다.
'을사추조적발사건'입니다.
"

44

> "을사추조적발사건(乙巳秋曹摘發事件)"
>
> "명례방(明禮坊) 사건"
>
> 1785년

"

'추조'는 '형조'입니다.
'명례방 사건'이라고도 합니다.
조선 조정이 강학회의 존재를 알게 된 것입니다.
그 모임에 참가한 모든 사람이 잡혀갔습니다.

"

45

경주 이씨, 평창 이씨, 나주 정씨, 안동 권씨

1785: **이벽**(李蘗, 1754-1785) 죽음

신자 수: 약 1,000명

1786: 가성직제도(假聖職制度)

>
> 이 사건과 관련된 가문들은 크게 동요하였습니다.
> 이 와중에 이벽이 죽습니다. 경주 이씨 가문입니다.
> 신자 수가 곧 1000명에 이르렀습니다.
> 사제가 없는 것은 물론이지만
> 영세자가 딱 한 명인 교회 상황이 이랬습니다.
> 천주교에서는 사제 없이 할 수 있는 일이 전도 외에는 없습니다.
> 예를 들어, 죄를 고하고 용서받을 수가 없습니다.
> 그들은 '가성직제도'를 운영합니다.
> 자기들끼리

46

> "신부 10인"
>
> 이승훈, 권일신,
> 이존창, 유항검,
> 최창현, 홍낙민

"

신부를 10명 임명하고 성사를 베풀게 합니다.
세례받은 사람 한 명만 있는 교회에서 있었던 일입니다.
여섯 명의 신부 이름은 알려져 있지만
나머지 네 명은 누구일까요?

"

47

1787: 반회사건(泮會事件)

반촌(泮村)

이승훈(李承薰), 정약용(丁若鏞) 등
천주교 교리에 대하여 연구와 토론

"
1787년에 또 하나의 사건이 발생합니다.
반촌에서 범상치 않은 모임이 있었던 것입니다.
반촌은 지금의 명륜동입니다.
유교의 본산이라고 할 수 있는 성균관의 코앞입니다.
거기서 학자들이 기독 신앙의 진지하게 논한 것입니다.
성균관 유생들이 크게 반발한 사건입니다.
"

48

"
그해, 김범우가 유배지에서 죽었습니다.
1785년 사건으로 조정에 잡혀간 사람 중에 양반은 모두 풀려났으나
모임 장소를 제공한 중인 김범우는
모진 매를 맞고 밀양으로 유배되었는데
그때 얻은 상처가 아물지 않고 감염되어 죽은 것입니다.
지금 밀양에는 김범우의 묘가 있고,
그곳은 성지로 조성되어 있습니다.
김범우의 집이 있던 명례방 자리에는
훗날 '명동성당'이 세워집니다.
"

49

1790: 약 3,000명

"

1790년 즈음에는 신자 수가 3000에 이르렀습니다.
놀랍지 않나요?
아직도 영세자 한 명뿐인 교회입니다.
그러나 이들 '3000명'이 누구인지 알면 이해가 될 것입니다.
천민과 상민 그리고 여인들이 대부분입니다.
신분 사회 조선에서 천민은 물론이지만 상민의 삶은 녹녹치 않았습니다.

"

50

1790: 약 3,000명

> "
>
> '남존여비'라고 생각하는 조선에서 여인의 삶은 어떠했겠습니까?
> 그러나 하나님의 나라에서는
> 천민은 물론 없고 양반이나 상민, 남자와 여성은 구별이 없으며
> 모두가 하나님의 자녀로서 형제요 자매라고
> 기독 신앙은 가르칩니다.
> 게다가 이 땅에서의 삶이 전부가 아니라고 합니다.
>
> "

51

> 황일광(黃日光, 1757-1802)
>
> "천민인 나의 신분에도 불구하고
> 교우촌에서는 양반네들이 나를 점잖게 대해주니,
> **천당은 이 세상에 하나가 있고,**
> 후세에 하나가 있음을 분명하다."
>
> 천국은 마치 밭에 **감추인 보화**와 같으니
> 사람이 이를 발견한 후 숨겨 두고 기뻐하며
> 돌아가서 자기의 **소유를 다 팔아**
> 그 밭을 사느니라(마태복음13:44)
>
> 홍주(홍성)   "3,000명"
>
> 복자(福者, The Blessed) 성인(聖人, The Saint)

"
황일광은 백정으로서 천민이었습니다.
그는 기독 신앙을 곧 받아들였습니다.
교우촌에서 지내는데 범접할 수 없었던 양반들이
자기를 잘 대해주는 것에 당황했습니다.
사후에 천국이 있다지만 그에게는 교우촌도 천국이었습니다.
처음 살아 보는 낙원이었어요.
'감추인 보화'를 발견한 그는 '소유를 다 팔아' 그것을 샀습니다.
생명까지 기꺼이 드렸습니다.
황일광은 그의 고향 홍주에서 순교의 칼을 기꺼이 받았습니다.
황일광은 복자품에 있습니다.
"

52

> 황일광(黃日光, 1757-1802)
>
> "천민인 나의 신분에도 불구하고
> 교우촌에서는 양반네들이 나를 점잖게 대해주니,
> **천당은 이 세상에 하나가 있고,**
> 후세에 하나가 있음을 분명하다."
>
> 천국은 마치 밭에 **감추인 보화**와 같으니
> 사람이 이를 발견한 후 숨겨 두고 기뻐하며
> 돌아가서 자기의 **소유를 다 팔아**
> 그 밭을 사느니라(마태복음13:44)
>
> 홍주(홍성)
>
> "3,000명"
>
> 복자(福者, The Blessed) 성인(聖人, The Saint)

"

여러분,
역대 교황은 260여 명 정도입니다.
그들 중에서 성인 또는 복자품에 오른 사람은 삼분의 일 정도입니다.
세상은 황일광을 '천민'이라고 무시했지만
하나님의 교회는 그를 '복 받은 사람'이라고 존경하고 있습니다.
1790년대 조선의 신자 수 '3000'은 결코 놀라운 수가 아닙니다.

"

53

가성직제도(假聖職制度)?

윤유일(尹有一, 1760-1795): 북경 문의(1789 – 1790)
조선의 두번째 영세자(1789)

"독성죄(瀆聖罪)"

1790: 가성직제 폐지

제사금지

한국 전통, 예루살렘 전통, 아테네 전통

"

교회는 점점 흥왕해 갔지만
'가성직제도'의 정당성에 문제가 제기되었습니다.
'우리가 이래도 되나?'입니다.
조선 교회는 윤유일 등을 중국 교회에 파견하여 그에 대해 물었습니다.
신실한 신자이던 윤유일은 그 기회에 세례를 받았습니다.
조선교회는 '가성직제도를 폐지하라'는 말을 들었습니다.
'가성직제도'는 독성죄에 해당한다는 것이었습니다.

"

54

가성직제도(假聖職制度)?

윤유일(尹有一, 1760-1795): 북경 문의(1789 – 1790)
조선의 두번째 영세자(1789)

"독성죄(瀆聖罪)"

1790: 가성직제 폐지

제사금지

한국 전통, 예루살렘 전통, 아테네 전통

> "
> 그리고
> '제사를 중지하라'는 지시도 받았습니다.
> 제사는 유교의 핵심 의식이고
> 400여 년에 걸친 조선의 문화인데
> 그걸 폐지해야 한다는 것입니다.
> 이제 한국전통이
> 예루살렘 전통 그리고 아테네 전통과 함께
> 심각하게 부딪히게 되었습니다.
> "

55

"
1770년대 후반부터 1790년까지의 조선 상황이 대략 이러한데
이제 관련된 사람들에 대하여 알아봐야 하겠습니다.
"

56

"

(해당 그림을 가리키며)
〈천주실의〉를 저술한 마테오리치 거처의 모습입니다.
(해당 그림을 일일이 가리키며)
성경 내용. 성화(聖畵), 천측 기구, 서양 악기가 보입니다.

"

57

⟨곤여만국전도 坤輿萬國全圖⟩

"지구(地球)" "경선(經線)" "위선(緯線)"
"적도(赤道)" "회귀선(回歸線)"

곤여(坤輿): "큰 땅"

"

중국의 황제는 이 지도를 보고 당황했을 것입니다.
중국이 세계의 중심이 아니거니와
중국 주위에 있는 나라들은 '오랑캐'가 아니거든요.
'지구' 등 지금 우리가 사용하는 용어는 이때의 것입니다.
'곤여'는 '큰 땅'을 의미합니다.

"

58

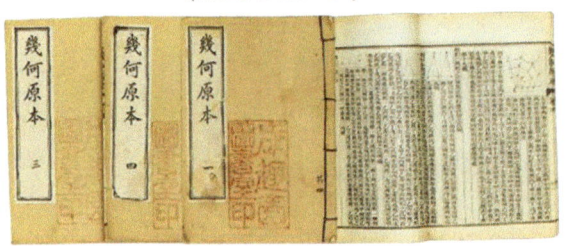

"
유클리드 〈원론 The Elements〉의 번역은
전문 수학자에게도 결코 만만치 않습니다.
〈기하원본〉이라고 번역된 〈원론〉을
수학자를 자처하는 저도 지금 가끔 읽습니다.
그만큼 깊은 내용의 수학입니다.
마테오리치는 수학자였습니다.
"

59

"
(그림을 가리키며)
이곳에서 수학도 볼 수 있나요?
그럼요.
(해당 부분을 가리키며)
여기에 자와 컴퍼스가 있습니다.
〈기하원본〉의 주제 중 하나인 작도는
자와 컴퍼스만을 허용합니다.
자와 컴퍼스는 수학에서 중요한 의미를 가집니다.
"

60

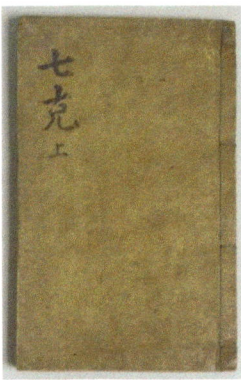

판토하는 수학과 천문학에 능했습니다.
그는 수학을 가르친 사람이었습니다.

61

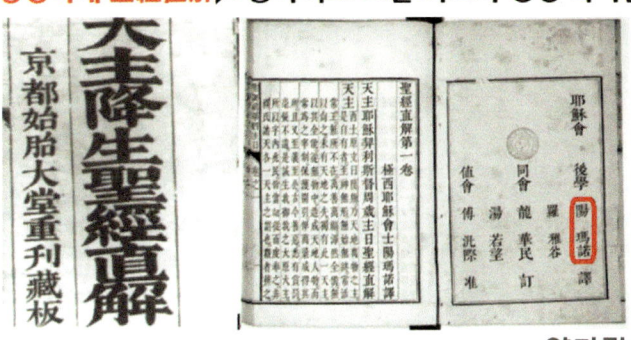

"

⟨성경직해⟩를 저술한 디아즈(양마락)는
⟨그리스도를 본받아⟩를 번역한 영성가이기도 하였습니다.
1610년에 중국에 온 그는
1608년에 발견된 망원경을 소개하였습니다.

"

62

〈천문략 天問略〉

"
〈천문략〉에서입니다.
디아즈는
천문학의 최근 상황을 알고 있던 과학자였습니다.
"

63

요한 테렌츠 슈렉(Johann Terrenz Schreck, 1576-1630)

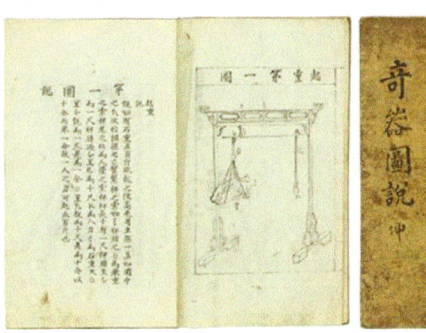
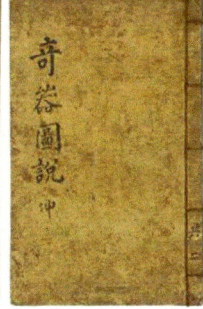

〈기기도설 奇器圖說〉

"화성 행궁 성축시 정조가 정약용에게 하사한 책"

"

테렌츠의 〈기기도설〉은
정조가 화성을 지을 때
정약용에게 하사한 책입니다.

"

64

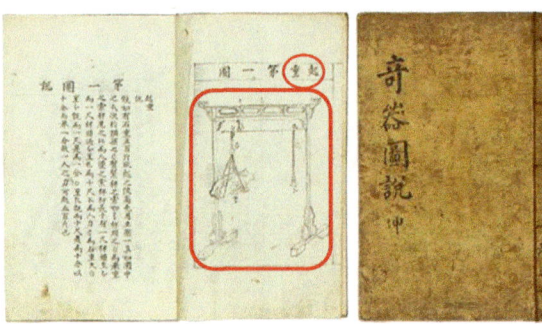

그 책에 소개된 지레의 원리는 건설 장비를 만들게 하였습니다.

65

소현세자(昭顯世子, 1612-1645)

이경상(李慶相)

요한 **아담 샬** 폰 벨(Johann Adam Schall von Bell, 1591-1666)

"북경 **흠천감정(欽天監正)**"

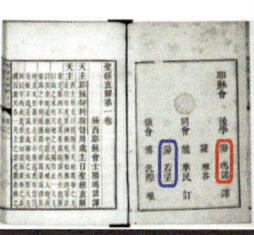

"

소현세자와 그를 수행한 이경상에게
기독 신앙을 전하고 수학을 가르친 사람은 아담 샬입니다.
그는 '탕약망'이라는 이름으로 〈성경직해〉의 저술에 참여하였습니다.
중국에서 아담 샬의 직함은
'흠천감정' 즉 천문대장이었습니다.

"

66

이승훈
그라몽(Grammont, Jean-Joseph de, 1736-1812)
"**궁정(宮廷) 수학자**"

윤유일(尹有一, 1760- 1795): 1789 – 1791 북경 문의

가성직제 폐지

제사금지

구베아(Gouvea, Alexander de, 1751-1808) 주교, 북경교구장

주문모 신부 파송(1795년)

수학 박사, 흠천감정(欽天監正), 국자감산학관장(國子監算學館長)

"

이승훈에게 세례를 베푼 그라몽 신부의 직함은
'궁정 수학자'였습니다.
윤유일에가 가성직제의 폐지와 제사금지를 명한 사람은
북경교구장 구베아 주교였습니다.
조선교회의 강력한 요구에 따라 1795년에 주문모 신부를 파송한 사람입니다.
구베아는 '수학 박사' 학위 소지자였습니다.

"

67

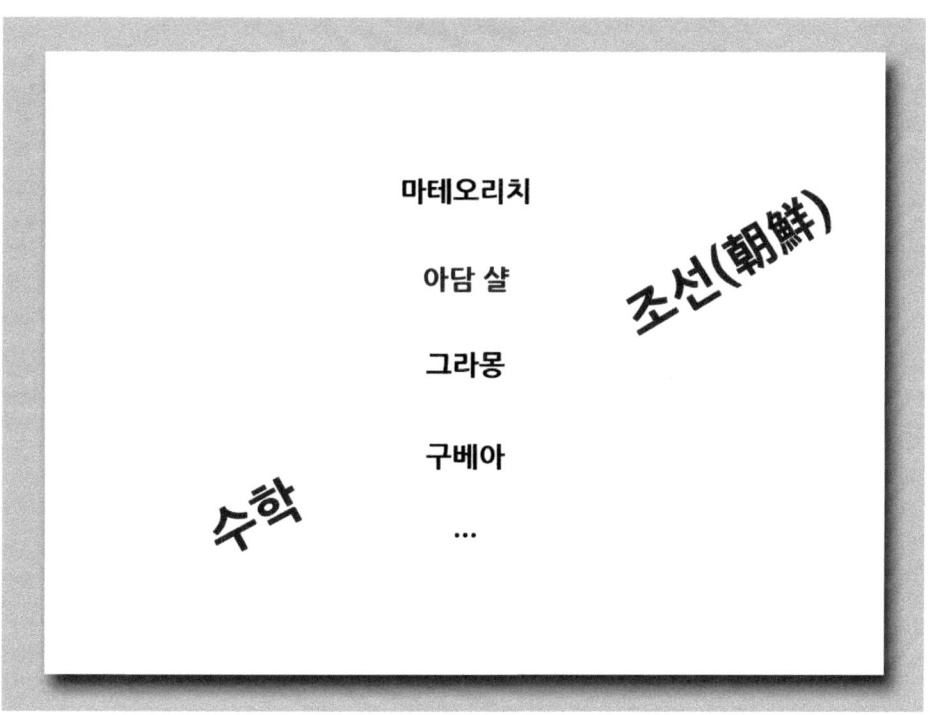

"
(모든 이름을 가리키며)
이 사람들과 중국에 있던 다른 선교사들의 공통점은 무엇일까요?
'수학'입니다.
공통점이 하나 더 있습니다.
그들 모두는
조선을 그들의 주된 선교대상으로 여기지 않았습니다.

"

68

> 명(明), 청(淸), 일본
>
> 조선(朝鮮): "자생(自生)"
>
> 1770년대 후반 - 1790년
> "천진암강학회"

"
중국과 일본 각 나라에는 기독 신앙을 전하려고 선교사가 왔습니다.
수학의 경우도 마찬가지입니다.
서양인들이 서양 수학을 중국과 일본에 가르쳤습니다.
그러나 조선은 달랐습니다.
당시 조선의 기독 신앙의 교회와 수학의 학회는 자생입니다.
천진암강학회가 그랬습니다.
이제 이와 관련된 조선의 인물들을 살펴봅시다.
"

69

권철신(1736-1801)
권일신(1742-1791)

"

권철신 권일신 형제는 안동 권씨 가문의 학자들입니다.

"

70

권철신(1736-1801): 이익(李瀷, 1681-1763)의 제자
천진암강학회 주도   실학(實學)

"양근(楊根) 한 고을은 서학(西學)이 대단히 성행해서
안 배우는 사람이 없고,
행하지 않는 마을이 없다."

"신부" 권일신(1742-1791)

이벽(李檗, 1754-1785)의 강의

"
권철신은
실학의 태두 성호 이익의 제자로서
천진암강학회를 주도하였습니다.

'양근(楊根) 한 고을은 서학(西學)이 대단히 성행해서
안 배우는 사람이 없고, 행하지 않는 마을이 없다.'

이 일화는 권철신의 학식과 인품을 짐작하게 합니다.
"

71

권철신(1736-1801): 이익(李瀷, 1681-1763)의 제자
천진암강학회 주도

실학(實學)

"양근(楊根) 한 고을은 서학(西學)이 대단히 성행해서
안 배우는 사람이 없고,
행하지 않는 마을이 없다."

"**신부**" 권일신(1742-1791)

이벽(李檗, 1754-1785)의 강의

"

권일신은 가성직제도 하에서
'신부'의 역할을 한 사람입니다.
이는 권일신의 신앙의 수준, 그리고
그의 인품과 능력을 가늠하게 합니다.
권철신 권일신 두 형제에서 특히 주목할 것은 강학회에서
젊은 학자 이벽에게 강의하게 하였다는 것입니다.

"

72

권철신(**1736**-1801): 이익(李瀷, 1681-1763)의 제자
천진암강학회 주도

"양근(楊根) 한 고을은 서학(西學)이 대단히 성행해서
안 배우는 사람이 없고,
행하지 않는 마을이 없다."

"신부" 권일신(**1742**-1791)

이벽(李檗, **1754-1785**)의 강의

"

그들은
그들보다 많이 어린 학자 이벽의 가르침을
진지하게 받아들였습니다.
권철신이나 권일신 같은 수준의 학자로서는
쉽지 않은 일 아닐까요?

"

73

> "공은 기억력이 뛰어나 한번 본 글은 평생토록 잊지 않고 한번 입을 열면 줄줄 내리 외는 것이 마치 호리병에서 물이 쏟아지고 비탈길에 구슬을 굴리는 것 같았다.
>
> (중략)
>
> 무엇이든지 물으면 조금도 막힘없이 쏟아 놓는데 모두 연구가 깊고 사실을 고증하여 마치 전공한 사람 같으니 물은 자가 매우 놀라 **귀신이 아닌가** 의심할 정도였다."

"

'무엇이든지 물으면 조금도 막힘없이 쏟아 놓는데
모두 연구가 깊고 사실을 고증하여 마치 전공한 사람 같으니
물은 자가 매우 놀라 귀신이 아닌가 의심할 정도였다.'

정약용이 소개하는 이 사람은 누구일까요?

"

74

이가환(李家煥, 1742-1801)
금대(錦帶), 정헌(貞軒)
"정학사(貞學士)"

"이 도리는 훌륭하고 참되다. 그러나 이를 따르는 사람에게
불행을 가져다 줄 것이다. 어떻게 할 것인가?"

"이것을 비유하면 막대기로 재를 두드리는 것과 같아
두드리면 두드릴수록 더욱 일어나는 것이니
상감이 아무리 금할지라도 어찌 할 수 없을 것이다."

"

이가환입니다.
정조도 이가환의 학식을 인정하며 '정학사'라고 불렀답니다.
이가환은 기독 신앙을 받아들인 후
(해당 부분을 가리키며)
이렇게 말했습니다.

"

75

이가환(李家煥, 1742-1801)
금대(錦帶), 정헌(貞軒)
"정학사(貞學士)"

"이 도리는 훌륭하고 참되다. 그러나 이를 따르는 사람에게
불행을 가져다 줄 것이다. 어떻게 할 것인가?"

"이것을 비유하면 막대기로 재를 두드리는 것과 같아
두드리면 두드릴수록 더욱 일어나는 것이니
상감이 아무리 금할지라도 어찌 할 수 없을 것이다."

"

(참석자가 속으로 읽을 수 있도록 잠시 쉼)
기독 신앙의 특징과 조선 사회 현실을
정확히 인식하고 있었음을 알 수 있습니다.
정조가 수리와 천문학에 관련된 책들을
이가환을 시켜 편찬하고자 할 때, 이가환은 그걸 만류하며

"

76

"상(임금)이 공(이가환)에게 수리(數理)와 역상(曆象)의 본원을 밝히는 책을 편찬하게 하고자 하여 장차 연경(燕京)에서 책을 구입하려고 어필로 하문하셨는데, 공이 대답하기를 '세상의 풍속이 어리석어 수리(數理)가 어떤 학설이고 교법이 어떤 학술인지도 모르면서 배척하며 꾸짖고 있으니, 이 책을 편찬하면 신에 대한 비방이 더해질 뿐만 아니라 위로 성덕에 누가 될 것입니다.' 하였으므로 그 일은 드디어 중지되었다."

"내가 죽게 되면 조선의 기하학이 끊어지게 될 것이다."

"
(해당 부분을 가리키며)
이렇게 말했습니다.
(참석자가 속으로 읽을 수 있도록 잠시 쉼)
수학 등 서양 학문을 품을 수 없는
조선 사회를 염려하며 만류한 것입니다.
이가환은 죽기 전에 자신이 죽으면
조선의 기하학도 끊어질 것이라고 걱정하였습니다.
"

77

"상(임금)이 공(이가환)에게 수리(數理)와 역상(曆象)의 본원을 밝히는 책을 편찬하게 하고자 하여 장차 연경(燕京)에서 책을 구입하려고 어필로 하문하셨는데, 공이 대답하기를 '세상의 풍속이 어리석어 수리(數理)가 어떤 학설이고 교법이 어떤 학술인지도 모르면서 배척하며 꾸짖고 있으니, 이 책을 편찬하면 신에 대한 비방이 더해질 뿐만 아니라 위로 성덕에 누가 될 것입니다.' 하였으므로 그 일은 드디어 중지되었다."

"내가 죽게 되면 조선의 기하학이 끊어지게 될 것이다."

"

그의 걱정대로,
이가환이 죽자 조선의 기하학도 죽었습니다.
서양의 수학이 이 나라에 다시 들어오기까지는
150년을 더 기다려야 할 것입니다.
이 나라는 조선의 멸망, 일제의 강점, 한국 전쟁
등을 겪어야 했기 때문입니다.

"

78

이벽(李蘗, 1754-1785)

"

이벽은

"

79

소현세자(昭顯世子, 1612-1645)

이경상(李慶相)
이벽의 5대조 할아버지

〈천주실의〉〈기하원본〉

"

소현세자를 수행했던 이경상의 5대손입니다.
이벽의 집에는
그때 이경상이 청나라에서 가져온 책들이 있었습니다.
이벽은 〈천주실의〉와 〈기하원본〉을 읽었습니다.

"

80

"

이벽은 천진암 깊은 산에 들어가
독서처를 마련하고 깊이 궁구하였습니다.
그는 기독 신앙인이 되었고,
강학회에서 기독 신앙 교리와 서양 수학을 가르쳤습니다.
권철신과 함께 천진암강학회를 주도한 것입니다.
이벽은 수학에 조예가 깊었답니다.

"

81

이승훈(1756-1801)

"1784년에 조선 왕국에서 온 사신 가운데 한 사람의 아들이 **수학을 너무도 배우고 싶은 마음에서** 북경 교회를 찾아왔었습니다.

"저는 **수학을 공부하려는 욕망때문에** 성교회에 입교했는데 순수성이 결여된 입교 동기가 문제 되지는 않을까요?"

"

이승훈에게 세례를 베푼 사제들의 편지 내용입니다.
이승훈이 북경 교회에 온 중요한 이유는 수학을 배우기 위함이었답니다.
이 사실은 이승훈 자신의 말에서도 확인됩니다.
(아래 부분에 있는 글을 읽는다.)

"

82

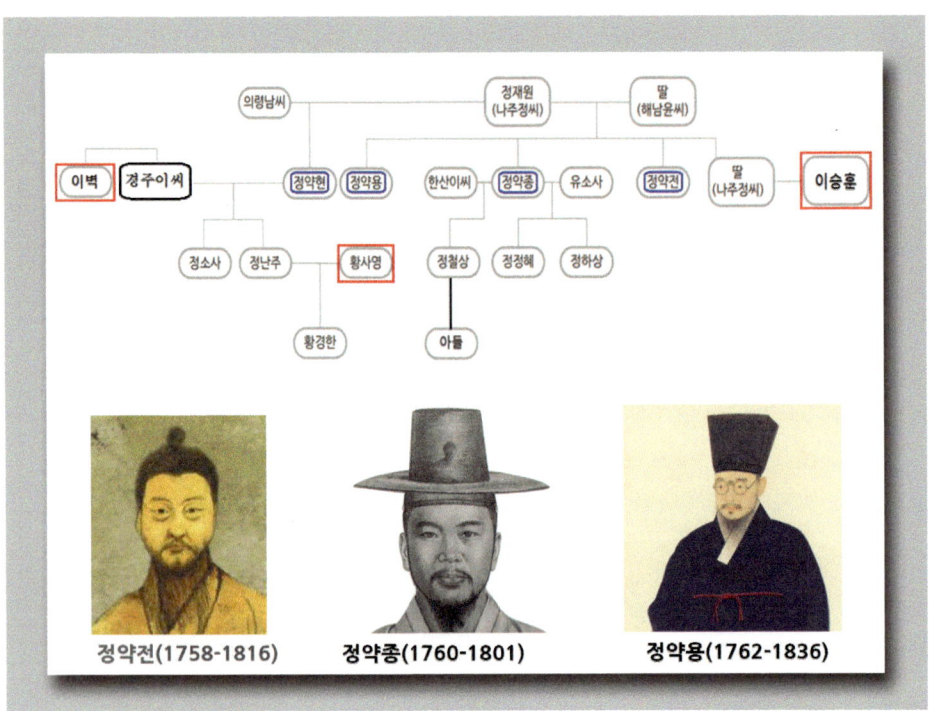

"

정약종 삼 형제는 한국교회의 역사에서 비켜 갈 수 없습니다.
세 사람 모두가 신앙인이었고,
(윗부분의 가계도를 보이며)
한국교회 초창기의 주요 인물들과 긴밀하게 관계되기 때문입니다.

"

83

정약전(1758-1816): 권철신의 제자

〈십계명가〉
스룸 누주 훈 평칭의 므순 귀신 그리 문노
아침 저녁 죵일토록 흉즁 비례 쥬문 외고
잇난 돈 귀훈 재물 던져 주고 바려 주고
주고 씨쟈 횡신 언동 각기 귀신 모셔봐도
허망후다 마귀 미신 우미한고 스룸드라
허위허례 마귀 미신 밋지 말고 텬쥬 밋셰

권상학(權相學), 이총억(李寵億)

〈자산어보 玆山魚譜〉

"

정약전은 권철신의 제자입니다.
그는 권상혁, 이총억 등과 함께
〈십계명가〉를 한글로 지어
한자에 익숙하지 않은 사람도 십계명을 알게 하였습니다.
정약전은 〈자산어보〉도 남겼습니다.
그는 어류학자이기도 하였습니다.

"

84

> 정약종(1760-1801): 권철신의 제자
>
> 1786년 : 둘째 형인 약전에게 천주교에 대해 듣고 입교
>
> "아구스티노"

"
정약종은 형 정약전과 동생 정약용보다 늦게 신앙인이 되었습니다.
진리를 찾느라 도교에도 깊이 천착한 적도 있습니다.
그의 세례명은 '아우구스티노'인데
성 어거스틴이 그랬습니다.
성 어거스틴도 젊은 날, 진리를 갈구하는 과정에서
마니교나 점성술에 깊이 들어간 적이 있었습니다.
성 어거스틴이 진리를 안 뒤에는 기독 신앙에만 매진하였듯이
정약종도 그랬습니다.
"

85

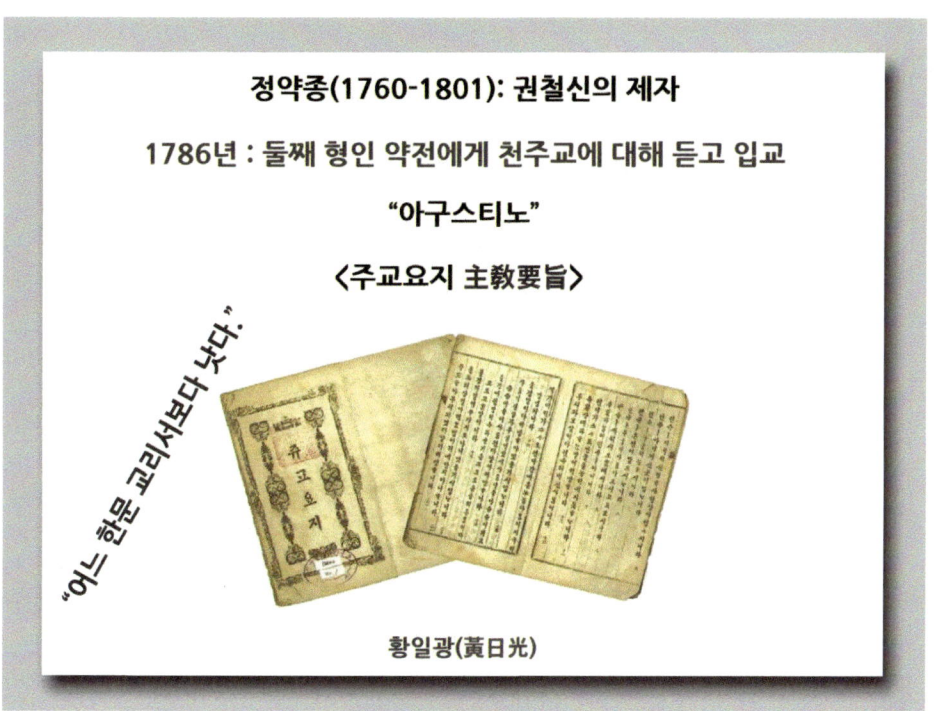

"

정약종은 얼마 후, 초대 명도회장으로 교회를 섬기고,
한글로 〈주교요지〉를 집필합니다.
정약종은 집필 과정에서 천민 신분이던 황일광의 도움을 받았습니다.
상민은 물론이거니와 천민 신분의 사람까지도
〈주교요지〉를 읽는데 큰 어려움이 없도록 노력한 것입니다.
정약종을 명도회장으로 세운 주문모 신부는
〈주교요지〉가 '어느 한문 교리서보다 낫다'고 평한 바 있습니다.

"

86

> 정약용(1762-1836)
>
> "分數에 밝으니, 크면 曆法과 算數에 능하겠다."
>
> "그 아들은 자라서 역법과 산수에 특출한 두각을 드러냈다."
>
> 수원화성 설계 및 성축
>
> 많은 저술: **NO 한글**

"

정약용은 어릴 적부터 수학적 재능이 있었습니다.
젊은 시절, 수학에 두각을 드러냈습니다.
그런 그에게 정조는 화성의 설계와 성축 실무를 맡겼습니다.
정약용은 많은 저술을 남겼으나 한글로 된 저술은 없습니다.
마지막으로 한 사람 더 살핍시다.

"

87

> 조선 22대 왕 정조(正祖, 1752-1800)
> 재위: 1776-1800
> 아버지: "사도세자"
> 어머니: 혜경궁 홍씨
>
> **홍대용**(洪大容, 1731-1783)

"

당시의 국왕 정조입니다.
정조는 왕위에 오르기 전에 실학자 홍대용과
많은 대화를 나눴습니다.
홍대용은

"

88

조선 22대 왕 정조(正祖, 1752-1800)

재위: 1776-1800

아버지: "사도세자"

어머니: 혜경궁 홍씨

홍대용(洪大容, 1731-1783): <주해수용 籌解需用>

"

<주해수용>이라는 산학서를 저술한 사람입니다.

"

89

조선 22대 왕 정조(正祖, 1752-1800)

재위: 1776-1800

아버지: "사도세자"

어머니: 혜경궁 홍씨

홍대용(洪大容, 1731-1783): <주해수용 籌解需用>

당파 정치(時派, 僻派, 信西派, 攻西派)
서양 수학
기독 신앙

개혁군주: 서학(西學)에 관대
"정학(正學)이 건강하면 사학(邪學)은 스스로 사라질 것이다."

"
정조가 왕위에 있을 때,
당파 싸움은 여전히 한창이었고,
기독 신앙과 서양 수학이 소개되어 진지하게 연구되고 있었습니다.
여러 사람이 '서학(西學)'을 '사학(邪學)'이라며 처벌을 권할 때.
정조는 서학을 감쌌습니다.
정조는 서양 학문의 힘을 익히 알고 있던 개혁군주였습니다.
"

90

"

"

91

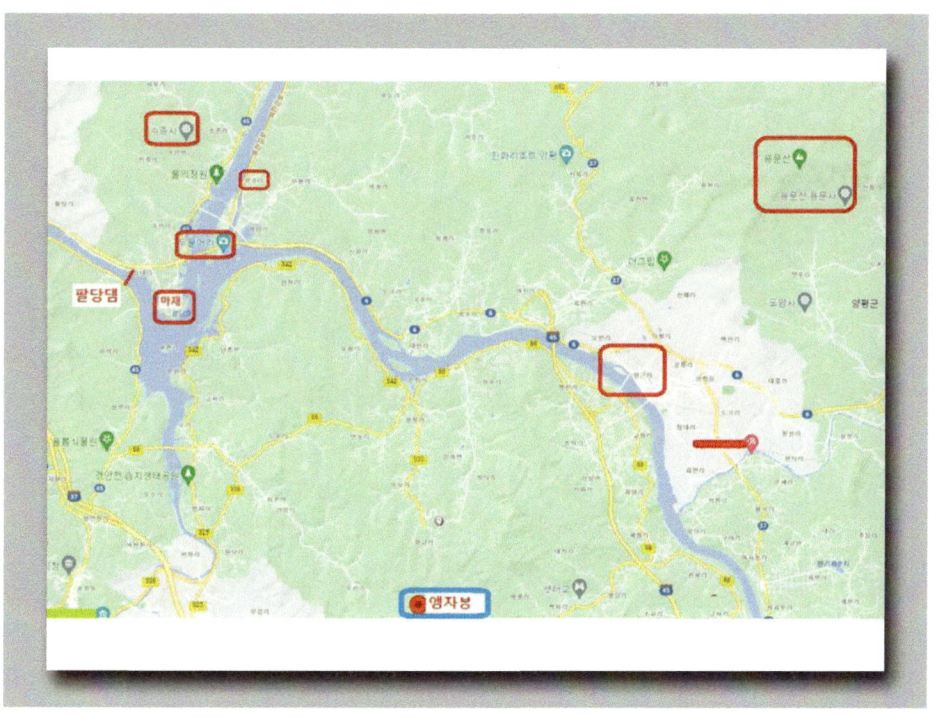

"

앵자봉의 위치입니다.
(해당 장소를 각각 가리키며)
북한강과 남한강이 양수리 두물머리에서 만나
한강이 되어 서해로 흘러갑니다.
여기가 권철신 권일신 형제의 고향 양근이고,
여기가 정약종 형제의 고향 마재입니다.

"

92

"

앵자봉은 광주, 여주, 양평의 경계에 있습니다.

"

93

"
하늘에서 본 천진암입니다.
무속신앙, 단군 신앙, 불교 등의 의식이 행해졌을 법한 장소입니다.
조선의 기독 신앙도 여기서 잉태되었습니다.
"

94

"

성지 입구입니다.
제가 흐린 날에 가서 사진이 흐릿합니다.
앵자봉이 보이죠?
저 앞에 큰 그림이 보입니다.

"

95

"

이 그림입니다.
(한 명 한 명 가리키며)
권철신, 권일신, 이벽, 이승훈, 정약종입니다.

"

96

"

(해당 위치를 가리키며)
이 길을 따라 '십자가의 길'이 조성되어 있습니다.

"

97

"

여기입니다.

"

98

"

14처가 이런 모습으로 표시되어 있습니다.

"

99

"

(해당 위치를 가리키며)
여기에

"

100

"

'빙천수'가 있습니다.
그때의 샘 모양과는 다르게 되었지만
차가운 물은 여전히 흐릅니다.

"

101

"

새벽이면 이곳에서 각오를 다지던 그들의 모습이 그려집니다.

"

102

"

약간 더 올라가면 이벽의 독서처가 있습니다.

"

103

"

여기입니다.
이벽은 호랑이가 출몰했다는
이곳 깊은 산에 혼자 묵으며
책을 통해 기독 신앙과 서양 수학을 궁구하였습니다.

"

104

"

독서처 가까운 곳에 다섯 분의 묘가 있습니다.

"

105

"

권철신

"

106

"

권일신

"

107

"

이벽

"

108

"

이승훈

"

109

"

정약종입니다.
〈주교요지〉를 들고 있군요.

"

110

정약종, 이승훈, 이벽, 권일신, 권철신

"

그들은 이렇게 함께 있습니다.
오른쪽부터 나이순입니다.

"

111

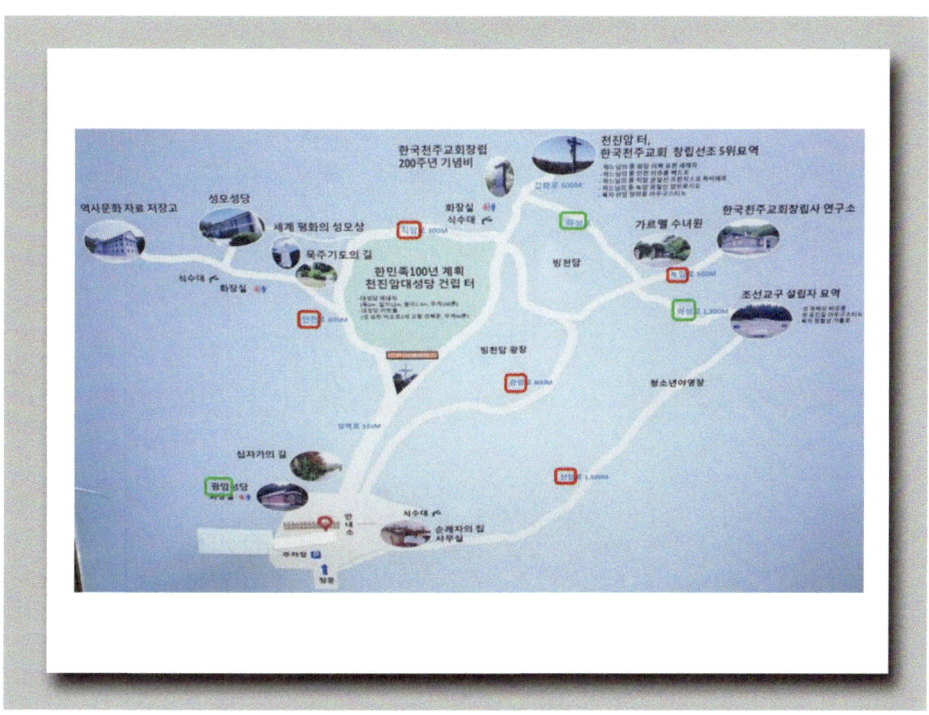

"
성지를 안내하는 지도에는 길의 이름이
이 다섯 명의 호 각각으로 표시되어 있습니다.
(하나하나 가리키며)
녹암 권철신
직암 권일신
광암 이벽
만천 이승훈
선암 정약종
"

112

1785년 - 1801년

"

이들은 1785년부터 1801년까지 다 죽습니다.
여기저기 흩어져 있던 그들의 무덤을 이곳으로 모았습니다.

"

113

"

다시 내려와 (방향을 가리키며)
이쪽으로 가면

"

114

"

천진암가르멜여자수도원이 있습니다.
성찬식때 사용하는 무교병은 주로 가르멜여자수도원에서 만듭니다.

"

115

"

거기서 조금 내려와 (방향을 가리키며)
이쪽으로 올라가면

"

116

"

복자와 성인들의 묘와

"

117

나주 정씨 가족 묘, 경주 이씨 가족 묘

"

나주 정씨와 경주 이씨의 가족묘가 있습니다.

"

118

"

아늑한 길입니다.

"

119

"

묘역에 이르면 정하상 성인 동상이 맞이합니다.
정약종의 둘째 아들입니다.
뒷강연에서 다시 만나야 할 사람입니다.

"

120

"

(해당 방향을 가리키며)
이쪽이 복자와 성인들의 묘역이고,
이쪽이 두 가문의 가족 묘역입니다.

"

121

"

문이 닫혀있지만

"

122

"

열고 들어가서 참배하고, 나온 후에 다시 닫으면 됩니다.

"

123

정재원
정약전

"
나주 정씨 가족 묘입니다.
(해당 봉분을 가리키며)
이것은 정약종 형제의 아버지 정재원의 무덤입니다.
아들들을 천주 신앙에서 멀리하게 하려고
무척 애쓴 사람인데 이곳에 묻혀 있네요.
(해당 봉분을 가리키며)
맨 앞에 있는 것이 정약전의 무덤입니다.
유배지인 흑산도에서 죽었는데
선산에 묻혀 있다가 이곳으로 옮겨졌습니다.
"

124

이부만

"

경주 이씨 부만의 무덤입니다.
이벽의 아버지로서,
이벽이 기독 신앙을 버리지 않으면 자신이 죽겠다며
가족 앞에서 자살을 시도한 사람입니다.
그도 여기에 묻혀있군요.

"

125

"경주 이씨 묘"

"

제가 꼭 보고 싶었던 무덤입니다.
이부만의 딸입니다.
이벽의 누이이죠.
정재원의 큰아들 정약현의 아내입니다.
여기에 있는 두 가문의 연결 고리입니다.
남편 옆에 있지 않고 친정아버지 앞에 있습니다.

"

126

"

짧은 삶을 진하게 산 여인입니다.

"

127

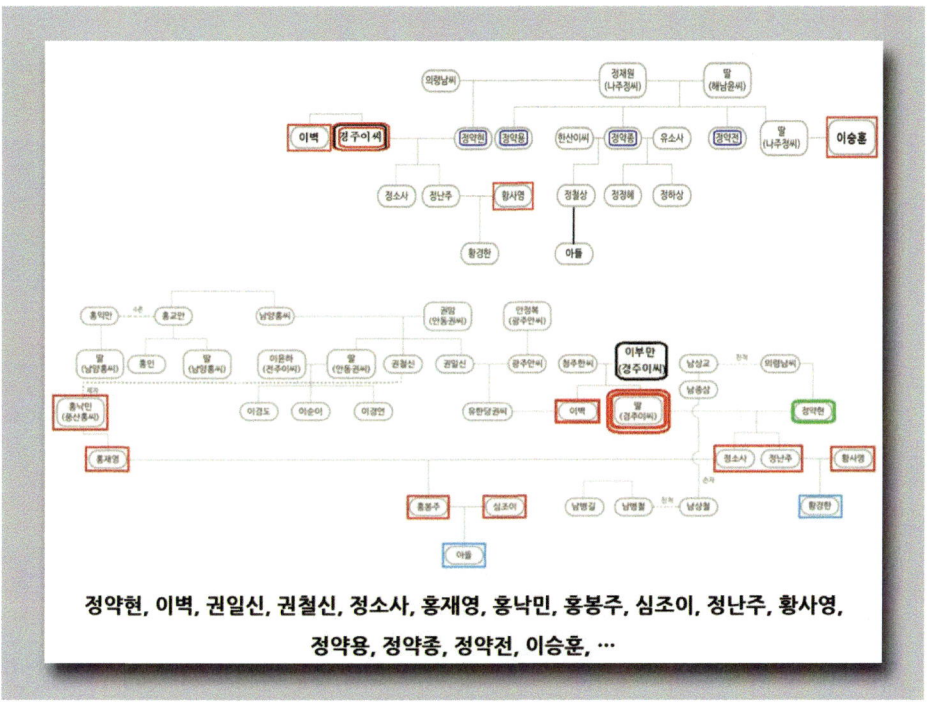

"

조선 교회 초창기의 모든 사람이
이 여인과 관련된다고 할 수 있습니다.

"

128

"

묘비엔 이름도 없이,
그것도 친정의 가족묘에 묻혀 있지만
조선교회의 초석입니다.
이 여인에 대해서는 뒷강연에서 더 이야기해야 할 것입니다.

"

129

"
무덤 주위엔 할미꽃이 많습니다.
할미꽃 전설에는 가난한 집으로 출가한 착한 손녀가 등장합니다.
여기에 묻혀 있는 이 여인에게는
착한 딸들과 사위들,
착한 손자와 며느리가 있었습니다.
순교자들입니다.
그들을 훗날 만나게 될 것입니다.
"

130

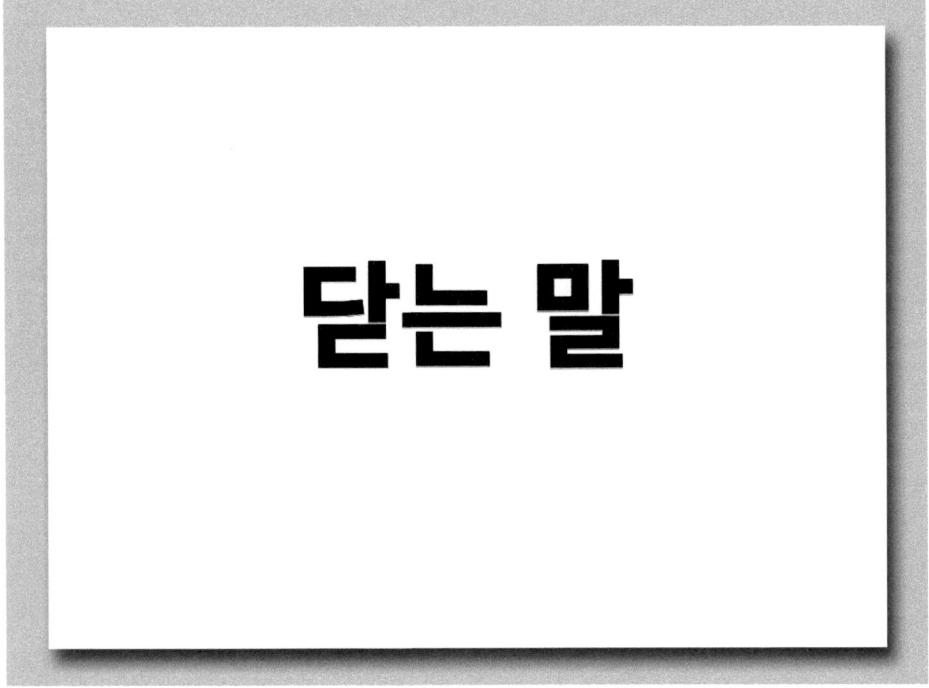

"

"

131

중국
1607(명나라): 〈기하원본〉 번역(1권-6권)

"

1607년, 마테오리치가 중국 수학자 서광계의 도움을 받아 유클리드의 〈원본, The Elements〉의 앞 부분(1장-6장)을 〈기하원본〉이라는 제목으로 번역하였습니다.

"

132

"

〈기하원본〉의 삽화입니다.
(해당 부분을 가리키며)
마테오리치의 중국 이름은 이마두(利瑪竇)입니다.

"

133

예부상서(禮部尙書)

"

(해당 부분을 가리키며)
서광계(徐光啓)입니다.
명나라에서 예부상서를 지냈습니다.
우리나라로 말하면 교육부장관입니다.
우리나라에도 수학을 깊이 이해하는
교육부장관이 있으면 좋겠습니다.

"

134

"

이마두가 속해있던 '예수회' 상징입니다.
십자가도 보이죠?

"

135

"

'야소', 즉 '예수'입니다.
(해당 부분을 가리키며)
성모자 상입니다.
라파엘로의 〈시스틴 마돈나〉에 그려진 성모자 상과 비슷합니다.

"

136

"자신을 수양하여 하나님을 섬기고
사물을 밝혀 이치를 따진다.
修身事天 格物窮理"

"드러나는 현상으로부터 미세하게 따져,
의심스러운 점들에 대해 확신을 얻게 하고,
쓸모없어 보이는 것을 쓸모 있게 만들어,
각종 용도의 기초가 되니,
그야말로 모든 현상의 모둠이며,
모든 학문의 바다이다.
由顯入微
從疑得信
蓋不用爲用
衆用所基
眞可謂万象之形囿
百家之學海"

「幾何原本」

"

'자신을 수양하여 하나님을 섬기고
사물을 밝혀 이치를 따진다.
修身事天 格物窮理'

"

137

"자신을 수양하여 하나님을 섬기고
사물을 밝혀 이치를 따진다.
修身事天 格物窮理"

"드러나는 현상으로부터 미세하게 따져,
의심스러운 점들에 대해 확신을 얻게 하고,
쓸모없어 보이는 것을 쓸모 있게 만들어,
각종 용도의 기초가 되니,
그야말로 모든 현상의 모둠이며,
모든 학문의 바다이다.
由顯入微
從疑得信
蓋不用爲用
衆用所基
眞可謂万象之形囿
百家之學海"

〈幾何原本〉

"
마테오리치의 자세입니다.
예루살렘 전통과 아테네 전통의 어우러짐이고,
영성과 지성의 조화입니다.
(아래 문장을 가리키며)
서광계의 말입니다.
그는 높은 지위의 관료였고,
경건한 신앙인이었으며,
수학자였습니다.
"

138

중국
1607(명나라): 〈기하원본〉 번역(1권-6권)
1859(청나라): 〈기하원본〉 7권-13권

"

중국은 〈원론〉의 나머지 부분도 번역하였습니다.

"

139

중국
1607(**명**나라): 〈기하원본〉 번역(1권-6권)
1859(**청**나라): 〈기하원본〉 7권-13권

"

나라가 바뀌면서 시간이 좀 걸렸던 것 같습니다.

"

140

중국
1607(명나라): 〈기하원본〉 번역(1권-6권)
1859(청나라): 〈기하원본〉 7권-13권

일본
1873: 〈원론〉 번역

"

일본도 〈원론〉을 번역하였습니다.

"

141

중국
1607(명나라):〈기하원본〉번역(1권-6권)
1859(청나라):〈기하원본〉7권-13권

일본
1873:〈원론〉번역

조선?
1882: 임오군란(壬午軍亂)
1894: 동학농민혁명(東學農民革命)
1894-1895: 청일전쟁(淸日戰爭)
1895: 을미사변(乙未事變)
1904-1905 러일전쟁(露日戰爭)
...

"

조선은요?
여러 차례에 걸친 가혹한 박해 후,
조선은 일련의 사태를 겪으며 망했습니다.
수학은 죽은 지 오래였습니다.

"

142

일본: 임진왜란, 정유재란

조총(鳥銃)

"

일본은 진즉 서양 기술을 배워
조총을 들고 조선을 짓밟았습니다.
임진왜란입니다.

"

143

일본: 임진왜란, 정유재란

조총(鳥銃)

청나라: 병자호란

홍이포(紅夷砲)   아담 샬, 서광계

"

청나라는 서양에서 배운 홍이포를 가지고 조선을 굴복시켰습니다.
병자호란입니다.
홍이포 제조 기술은 명나라 말기,
아담 샬이 서광계에게 전수하였습니다.
청나라가 그 기술을 애써 습득한 것입니다.

"

144

일본: 임진왜란, 정유재란
조총(鳥銃)

청나라: 병자호란
홍이포(紅夷砲)

아담 샬, 서광계
아담 샬, 소현세자

"
아담 샬은 소현세자에게
기독 신앙과 서양 수학을 가르친 사람입니다.
서광계는 높은 자리에 올랐지만,
소현세자는 귀국 후 곧 죽었습니다.
아버지 인조에게 죽임을 당한 것 같습니다.
소현세자 죽은 후 세자비도 사약을 받고,
소현세자의 세 아들도 제주도로 귀양 가거든요.
"

145

일본: 임진왜란, 정유재란
조총(鳥銃)

청나라: 병자호란
홍이포(紅夷砲)

아담 샬, 서광계
아담 샬, 소현세자

조선?
"교회"와 "학회": 自生
"서학(西學) = 사학(邪學)"

"

조선에서는
기독 신앙의 교회와 서양 수학의 학회가 자생하였는데,
그걸 잘랐습니다.
'서학'을 '사학'이라고 규정한 것입니다.
기독 신앙은 그 본질상 사라질 수 없었지만,
수학은 사라졌습니다.

"

146

여호와 하나님이 흙으로 사람을 지으시고
생기를 그 코에 불어 넣으시니 사람이 생령이 된지라
여호와 하나님이 동방의 에덴에 동산을 창설하시고
그 지으신 사람을 거기 두시고
여호와 하나님이 그 땅에서 보기에 아름답고
먹기에 좋은 나무가 나게 하시니 동산 가운데에는
생명나무와 선악을 알게 하는 나무도 있더라(창세기2:7-9)
… the LORD God formed the man from the dust of the ground
and breathed into his nostrils the breath of life, and the man
became a living being. Now the LORD God had planted
a garden in the east, in Eden; and there he put the man he had
formed. And the LORD God made all kinds of trees grow out of
the ground--trees that were pleasing to the eye and good for
food. In the middle of the garden were the tree of life and the
tree of the knowledge of good and evil(NIV).

"

조선에 생기가 들고 생령이 되어

"

147

> 여호와 하나님이 흙으로 사람을 지으시고
> 생기를 그 코에 불어 넣으시니 사람이 생령이 된지라
> 여호와 하나님이 동방의 에덴에 동산을 창설하시고
> 그 지으신 사람을 거기 두시고
> 여호와 하나님이 그 땅에서 보기에 아름답고
> 먹기에 좋은 나무가 나게 하시니 **동산 가운데**에는
> **생명**나무와 **선악**을 알게 하는 나무도 있더라(창세기2:7-9)
> ··· the LORD God formed the man from the dust of the ground and breathed into his nostrils the breath of life, and the man became a living being. Now the LORD God had planted a garden in the east, in Eden; and there he put the man he had formed. And the LORD God made all kinds of trees grow out of the ground--trees that were pleasing to the eye and good for food. In the *middle of the garden* were the tree of *life* and the tree of the *knowledge* of good and evil(NIV).

"

조선 가운데에 생명과 참된 지식이 깃들었는데
그 모두가 짓밟혔습니다.
그리고 머지않아 조선은 망했습니다.

"

148

> 1953년 휴전
>
> 미 군정, 수학
>
> **2022년**

"
긴 세월의 일제 강점 이후
어렵게 나라를 되찾았지만,
동족 간의 전쟁이 일어나고 1953년 휴전이 되자,
수학이 한국에 다시 들어왔습니다.
미 군정에 의해서입니다.
자생이 아니었습니다.
"

149

> 1953년 휴전
>
> 미 군정, 수학
>
> **2022년**

"

지금부터 약 70년 전입니다.
그리고 올해 2022년,
한국계 수학자가 필즈 메달을 받았습니다.
'은혜'가 아니고는 설명할 길이 없습니다.

"

전동성당: 순교를 지켜본 돌들

1

예루살렘과 아테네의 대화

"
오늘 날씨가 참 아름답죠?
그러나 인생은 때로는 슬픕니다.
저는 오늘 슬픈 이야기를 하려고 합니다.
"

2

전동성당:
순교를 지켜본 돌들

"

오늘의 주제입니다.
몇 명의 순교자가 소개될 것입니다.
그들에게도 나약한 모습이 있었을 테지만,
저는 오늘 그들을 순교자로만 소개합니다.

"

3

여는 말

"

"

4

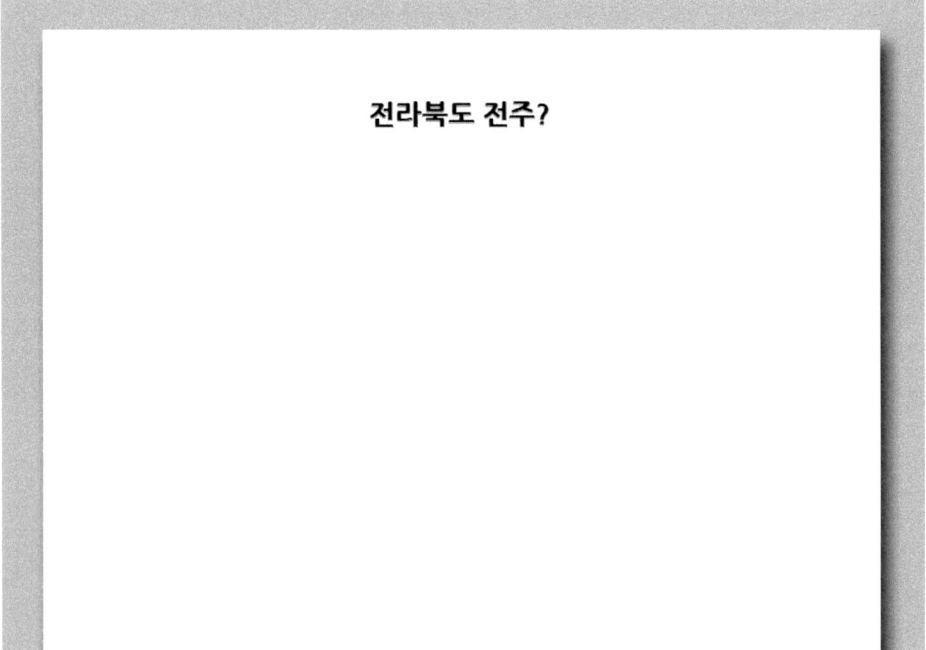

"

'전라북도 전주'라고 하면 무엇이 떠오르나요?

"

5

전라북도 전주?

콩나물 해장국? 비빔밥? 임실치즈?
한옥마을?
견훤, 후백제 수도?
이성계, 경기전?

신해박해(**1791**)
신유박해(**1801**)
기해박해(**1839**)
병인박해(**1866**)
…

"

이것저것 여러 가지가 떠오를 수 있겠죠?
전주는
'조선 후기 약 80년에 걸친 순교의 현장'이었습니다.

"

6

성지(聖地)

전동성당
초남이
숲정이
치명자산
서천교
초록바위

"

전주에는 성지가 여러 곳 있습니다.

"

7

"

전동성당, 숲정이, 서천교, 초록바위는 순교지이고

"

8

전동성당
초남이
숲정이
치명자산
서천교
초록바위

"

초남이와 치명자산은 순교자들이 묻혀있는 곳입니다.

"

9

1770년대 후반 - 1790년(조선 정조 치세)

기독신앙

수학(《The Elements》)

구베아 주교(**북경 교구**장, 수학박사): 1790년 "제사금지"

"
우리는 지난 시간에
정조 치세 중 1779년부터 1790년까지 약 10년간을
기독신앙을 중심으로 살펴보았습니다.
그 기간의 각 사건에 스며있는 수학도 기억하였습니다.
1790년 '제사금지'는 조선에 적지 않은 파문을 일으킬 것을 예상하였습니다.
당시 조선교회는 중국 북경교구의 관할이었고,
조선교회에 제사금지를 명한 사람은
북경교구장 구베아 주교였습니다.
"

10

1770년대 후반 - 1790년(조선 정조 치세)

기독신앙
수학(《The Elements》)

구베아 주교(북경 교구장, **수학박사**): 1790년 "제사금지"

"제사금지" 이후 : 전주와 그 일대

"
구베아 주교는 수학박사 학위를 가진 자였으므로
저의 안타까운 마음이 큽니다.
그가 조선에 그렇게 쉽게 제사를 금한 것은
사려 깊지 못한 처사라고 생각합니다.
제사금지가 로마교황청의 공식 입장이었다고 하더라도
조선에서의 제사금지는 지혜롭지 못했다는 생각입니다.
오늘 강연은 1790년의 제사금지 이후,
전주와 그 일대에서 일어난 일들을 살필 것입니다.
"

11

"

"

12

> **1790: 제사금지**
>
> 1791년

"
1790년의 제사금지는 금방 큰 충돌을 일으켰습니다. 1791년에
"

13

> ## "폐제분주(廢祭焚主)"
> ## "진산사건(珍山事件)"
>
> "전라도 진산"   "충청남도 금산"

"

'폐제분주' 사건이 일어난 것입니다.
'제사를 폐하고 신주를 불사른' 사건입니다.
'진산사건'이라고도 합니다.
전라도 진산에서 일어난 일입니다.
지금은 충청남도 금산입니다.

"

14

"폐제분주(廢祭焚主)"

"진산사건(珍山事件)"

"전라도 진산"   "충청남도 금산"

전주: 전라감영

"

전라감영이 있던 전주는 사건의 주요 무대였습니다.

"

15

윤지충(1759-1791)
권상연(1750-1791)

윤지충의 어머니의 유언

"

윤지충과 권상연이 그 주인공입니다.
윤지충의 어머니의 유언에 따른 일이었습니다.
윤지충의 어머니는 죽으면서 제사를 지내지 말고
신주를 모시지 말라고 유언하였던 것입니다.
윤지충의 어머니는

"

16

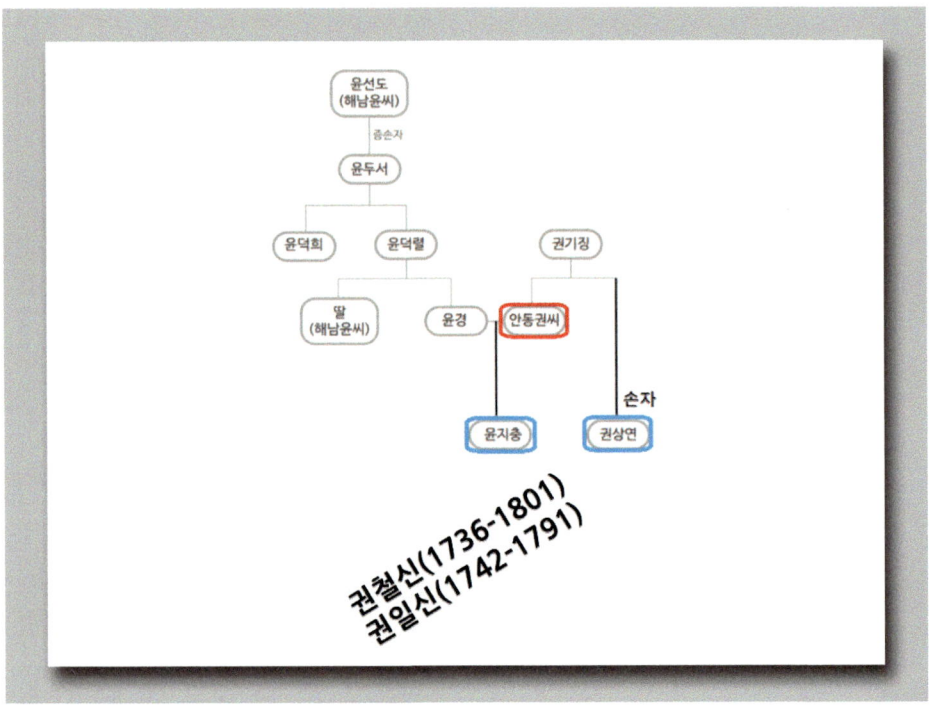

"

권철신과 권일신의 신앙을 이어 가는
믿음 가문의 여인이었습니다.

"

17

1791 : 신해박해

"무부무군(無父無君)"   "사학(邪學)"

"양반"

기독신앙 << 출세(出世)와 가문(家門)

"
진산사건으로 나라의 공식적인 박해가 일어났습니다.
1791년의 '신해박해'입니다.
신앙인들은 무부무군의 몹쓸 자들이며
사학의 무리로 여겨졌습니다.
제사금지와 나라의 공식적인 박해로 인해
양반 신분의 많은 사람이 기독 신앙에서 떠났습니다.
양반에게는 출세와 가문이 기독 신앙보다 훨씬 중요했나 봅니다.
"

18

"

왕의 명령으로 윤지충과 권상연은 죽임을 당했습니다.
왕이 사형을 명한 순교의 첫 사례입니다.

"

19

"

조정은
참수된 그들의 목을 순교터 옆에 있는 풍남문에 걸어
백성에게 겁을 줬습니다.

"

20

"

그들이 순교한 곳에는 훗날 전동성당이 섭니다.

"

21

"

지금 성당 구내에는 두 순교자의 동상이 있습니다.

"

22

윤지충, 권상연: 유해 발굴

1791년

"

작년, 윤지충과 권상연의 유해가 발굴되었습니다.
230년만의 일입니다.

"

23

"

'초남이 바우배기'에서 입니다.
바우배기는 전동성당에서 멀지 않은 곳에 있습니다.

"

24

초남이 바우배기

교리당(教理堂)
(전라북도 완주군 이서면)

"

그들의 유해는 지금
바우배기 가까이에 있는 교리당에 안치되어 있습니다.

"

25

"
이곳입니다.
이곳에는 윤지충, 권상연과 함께
윤지헌의 유해도 안치되어 있습니다.
윤지헌은 윤지충의 동생입니다.
1801년에 전동성당 터에서 순교했고,
바우배기에 묻혀있다가
그의 유해가 윤지충, 권상연 유해와 함께 발굴되었습니다.
"

26

> "Via Dolorosa"
> "십자가의 길(Via Crucis)"
> 14처

교리당 주위에는 '십자가의 길' 14처가 조성되어 있습니다.
'십자가의 길'은 예루살렘에 있는
'고난의 길(Via Dolorasa)'과 같은 길입니다.

27

제1처 예수께서 사형 선고를 받으심
제2처 예수께서 십자가를 지심
제3처 예수께서 넘어지심
제4처 예수께서 어머니를 만나심
제5처 시몬이 예수를 도와 십자가를 짐
제6처 베로니카가 예수의 얼굴을 닦음
제7처 예수께서 두 번째 넘어지심
제8처 예수께서 여인들을 위로하심
제9처 예수께서 세 번째 넘어지심
제10처 예수께서 옷 벗김 당하심
제11처 예수께서 십자가에 못박히심
제12처 예수께서 십자가 위에서 돌아가심
제13처 제자들이 예수 시신을 십자가에서 내림
제14처 예수께서 무덤에 묻히심

"

예수는 죽임을 당해야 할 죄인이었습니다.

"

28

제1처 예수께서 사형 선고를 받으심
제2처 예수께서 십자가를 지심
제3처 예수께서 넘어지심
제4처 예수께서 어머니를 만나심
제5처 시몬이 예수를 도와 십자가를 짐
제6처 베로니카가 예수의 얼굴을 닦음
제7처 예수께서 두 번째 넘어지심
제8처 예수께서 여인들을 위로하심
제9처 예수께서 세 번째 넘어지심
제10처 예수께서 옷 벗김 당하심
제11처 예수께서 십자가에 못박히심
제12처 예수께서 십자가 위에서 돌아가심
제13처 제자들이 예수 시신을 십자가에서 내림
제14처 예수께서 무덤에 묻히심

"

갖은 조롱과 멸시를 받고
십자가를 지고 가다 넘어졌습니다.
무능해 보입니다.

"

29

제1처 예수께서 사형 선고를 받으심
제2처 예수께서 십자가를 지심
제3처 예수께서 넘어지심
제4처 예수께서 어머니를 만나심
제5처 시몬이 예수를 도와 십자가를 짐
제6처 베로니카가 예수의 얼굴을 닦음
제7처 예수께서 두 번째 넘어지심
제8처 예수께서 여인들을 위로하심
제9처 예수께서 세 번째 넘어지심
제10처 예수께서 옷 벗김 당하심
제11처 예수께서 십자가에 못박히심
제12처 예수께서 십자가 위에서 돌아가심
제13처 제자들이 예수 시신을 십자가에서 내림
제14처 예수께서 무덤에 묻히심

"

십자가에서 숨을 거두고 내려졌습니다.
무력해 보입니다.

"

30

제1처 예수께서 사형 선고를 받으심
제2처 예수께서 십자가를 지심
제3처 예수께서 넘어지심
제4처 예수께서 어머니를 만나심
제5처 시몬이 예수를 도와 십자가를 짐
제6처 베로니카가 예수의 얼굴을 닦음
제7처 예수께서 두 번째 넘어지심
제8처 예수께서 여인들을 위로하심
제9처 예수께서 세 번째 넘어지심
제10처 예수께서 옷 벗김 당하심
제11처 예수께서 십자가에 못박히심
제12처 예수께서 십자가 위에서 돌아가심
제13처 제자들이 예수 시신을 십자가에서 내림
제14처 예수께서 무덤에 묻히심

"

무덤에 묻혔습니다.
모든 것이 허망하게 끝나버린 것 같습니다.

"

31

윤지충(1759-1791)
권상연(1750-1791)

"

윤지충과 권상연도 그 길을 갔습니다.
죽임을 당해야 할 죄인이었습니다.

"

32

"

멸시와 조롱을 받았으며

"

33

윤지충(1759-1791)
권상연(1750-1791)

"

죽임을 당하고 묻혔습니다.

"

34

실패자?

전동성당
초남이성지
교리당

"
윤지충과 권상연은 무능했고 무력했으며
그들의 삶은 허망했나요? 그들은 실패자였나요?
그렇지 않습니다.
그들이 죽임을 당한 곳에는 성당이 세워졌고,
그들이 묻혔던 곳은 성지가 되었으며,
그들의 유해는 정중히 안치되어 있습니다.
그들은 실패자가 아니었습니다.
"

35

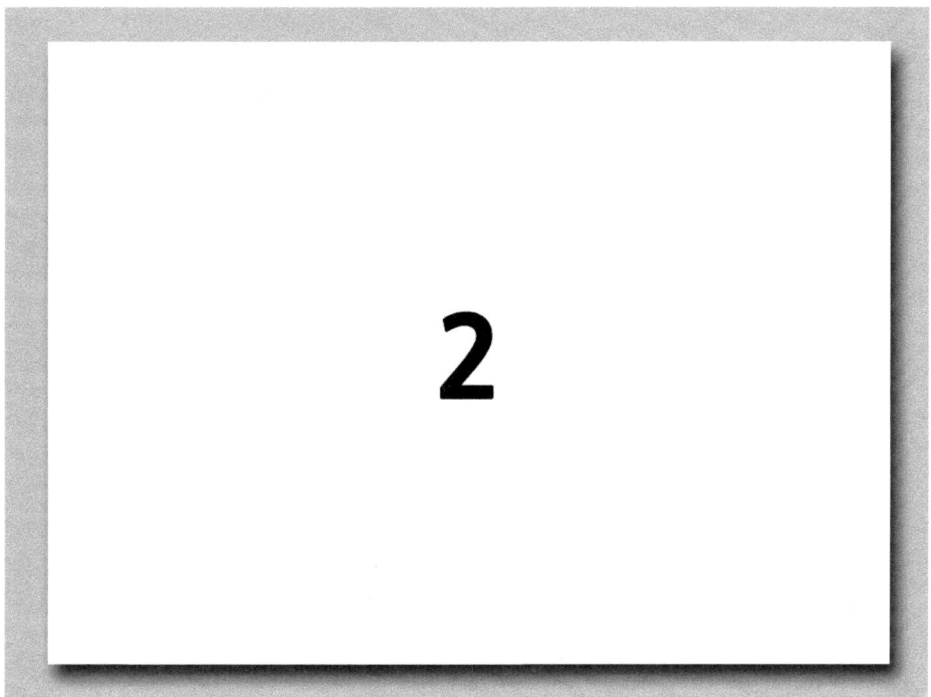

"

"

36

```
                유항검(柳恒儉, 1756-1801)
                                        교리당 敎理堂
   "신부 10인"                          (전라북도 완주군 이서면)
   이승훈, 권일신,
   이존창, 유항검      "호남의 사도"      가성직제도
   최창현, 홍낙민

        "내포의 사도" 이존창(李存昌, 1752-1801)
```

"

유항검은 '호남의 사도'라고 불리는 사람입니다.
'내포의 사도'라고 불리는 이존창 등과 더불어
가성직제도에서 신부로 활동한 사람입니다.
유항검은 교리당에서
기독신앙을
열심히 공부하며 가르쳤습니다.

"

37

유항검(柳恒儉, 1756-1801)

교리당 教理堂
(전라북도 완주군 이서면)

"신부 10인"
이승훈, 권일신,
이존창, 유항검,
최창현, 홍낙민

"호남의 사도"

가성직제도

"내포의 사도" 이존창(李存昌, 1752-1801)

"

유항검은 가성직제도가
교리상 잘못임을 알고 지적한 사람입니다.

"

38

초남이
(전라북도 완주군 이서면)

"

초남이에는

"

39

"

유항검의 생가터가 있습니다.
교리당과 바우배기는 이곳에서 가까운 곳에 있습니다.
신해박해 때,
윤지충과 권상연의 시신을 수습하여
초남이 바우배기에 묻은 사람은
유항검일 것입니다.

"

40

"

생가터 입구를 통해 들어가면 이상한 느낌이 들어요.
집 건물이 있을 법한 곳에 연못이 있습니다.
조선 시대,
지체 높은 양반이나 부잣집에는 연못이 있곤 했는데,
생가터에 있는 이 연못은 이상합니다.

"

41

"
방지원도의 형태가 아닙니다.
네모난 저수지 안에 둥근 섬이 있는 그런 모습이 아닙니다.
파가저택(破家瀦澤)입니다.
"

42

"

대궐같이 큰 '저택(邸宅)'이 아닙니다.
(글자를 가리키며)
물웅덩이 저, 저택(瀦宅)입니다.
삼강오상을 범한 죄,
즉 강상죄(綱常罪)를 범한 중죄인의 집이라서
허물고 그 자리를 물웅덩이로 만든 것입니다.
죄인의 흔적을 이 땅에서 완전히 없애려는 가혹한 벌입니다.

"

43

"

지금은 백련도 피어 있고,
색색의 예쁜 꽃이 있으며,
연못 주위를 예쁜 돌들로 꾸몄고,

"

44

"

집 주변에는 코스모스와 봉숭아가 정겹게 피어 있지만,
당시의 파가저택은 어떤 모습이었을까요?
참혹했을 것입니다.

"

45

유중철(柳重哲, 1779-1801) 이순이(李順伊, 1782-1801)
"동정부부 童貞夫婦"

"

지금은 헐려 사라진 그 집에서
유항검의 큰 아들 유중철과 며느리 이순이는 동정부부로서
유항검 부부와 살고 있었습니다.

"

46

"

연못 옆에는 '성요셉 성당'이 있습니다.
동정녀 마리아와 동정의 삶을 산 요셉을 기리나 봅니다.

"

47

"십자가의 길" 14처

"

유항검 생가터의 담을 따라 십자가의 길이 조성되어 있습니다.

"

48

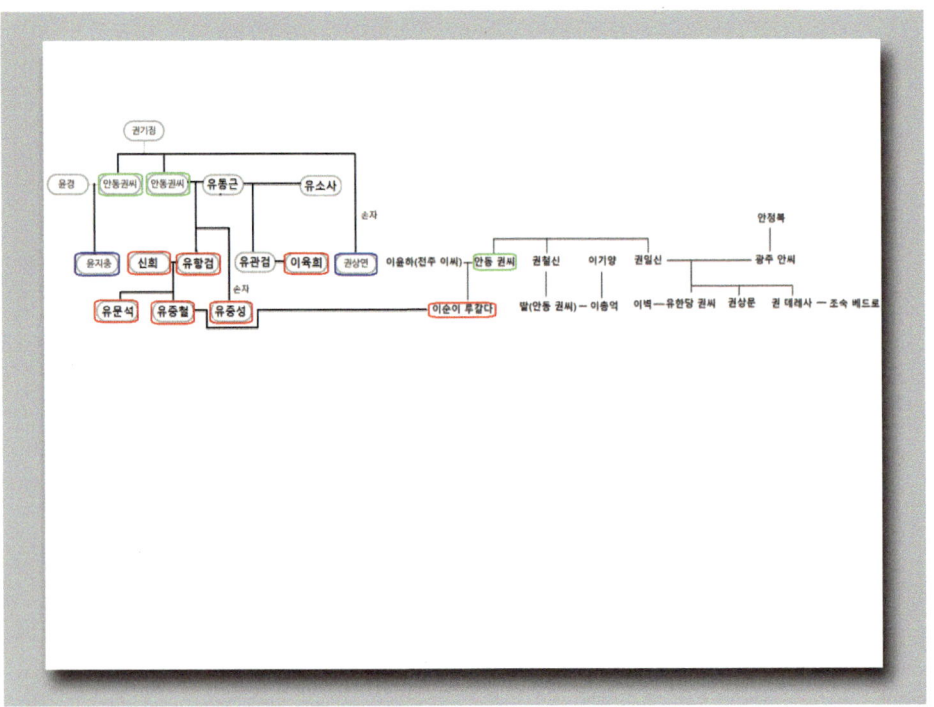

"

유항검 가계도의 대략을 보세요.
윤지충의 어머니는 유항검의 어머니와 자매지간이었습니다.
유항검의 며느리 이순이도 그 가문에 닿아 있습니다.
그들 모두는 믿음 가문의 여인들이었습니다.

"

49

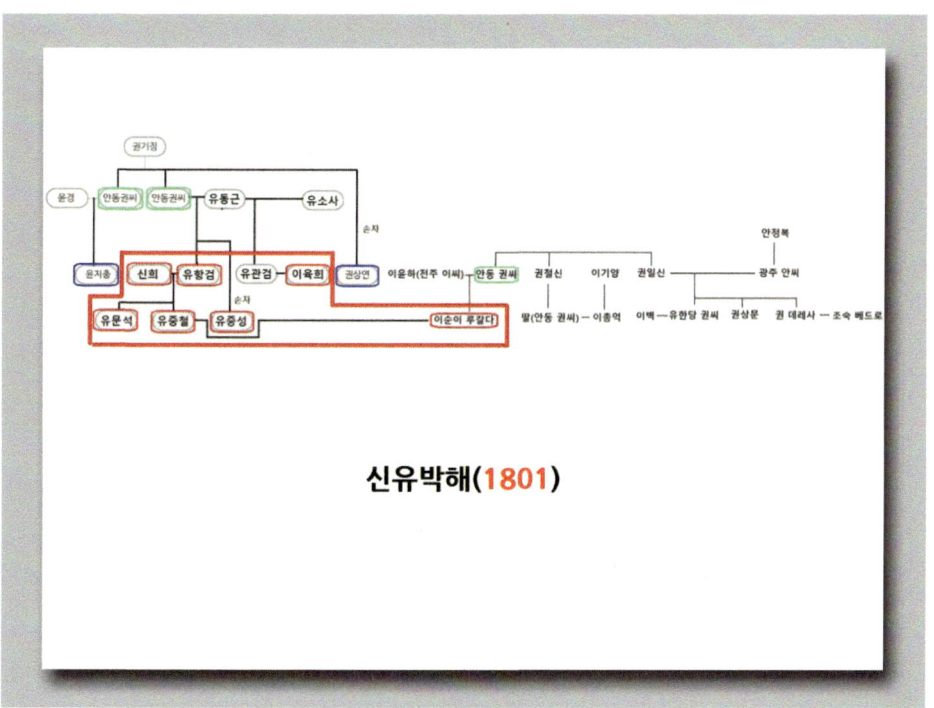

"

유항검의 가족은 신유박해 때에

"

50

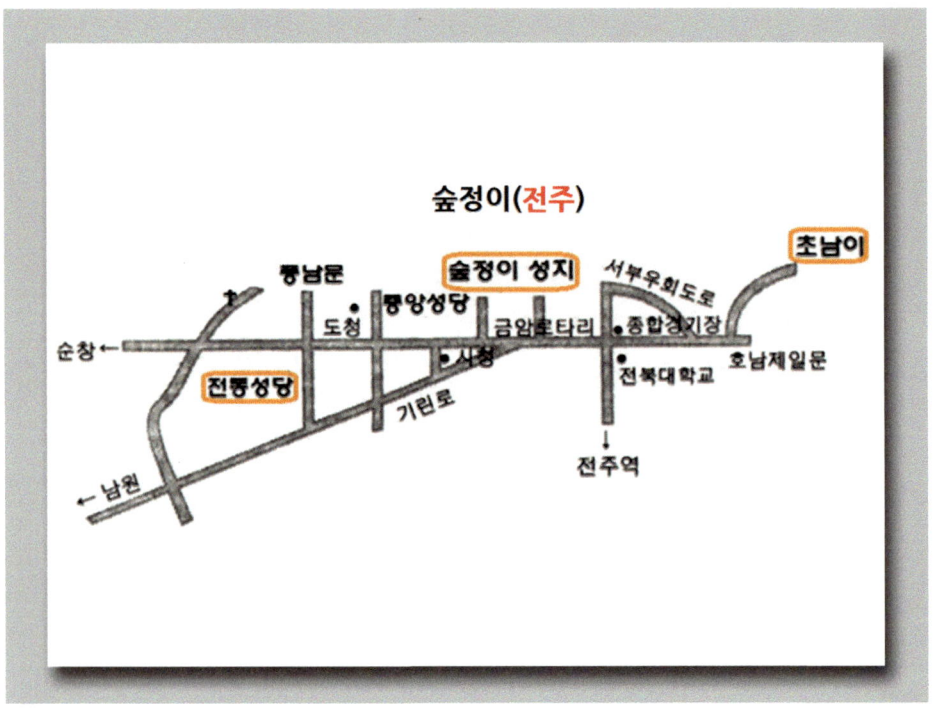

"

전동성당 터와 숲정이에서 순교하여
아무렇게 묻혔습니다.

"

51

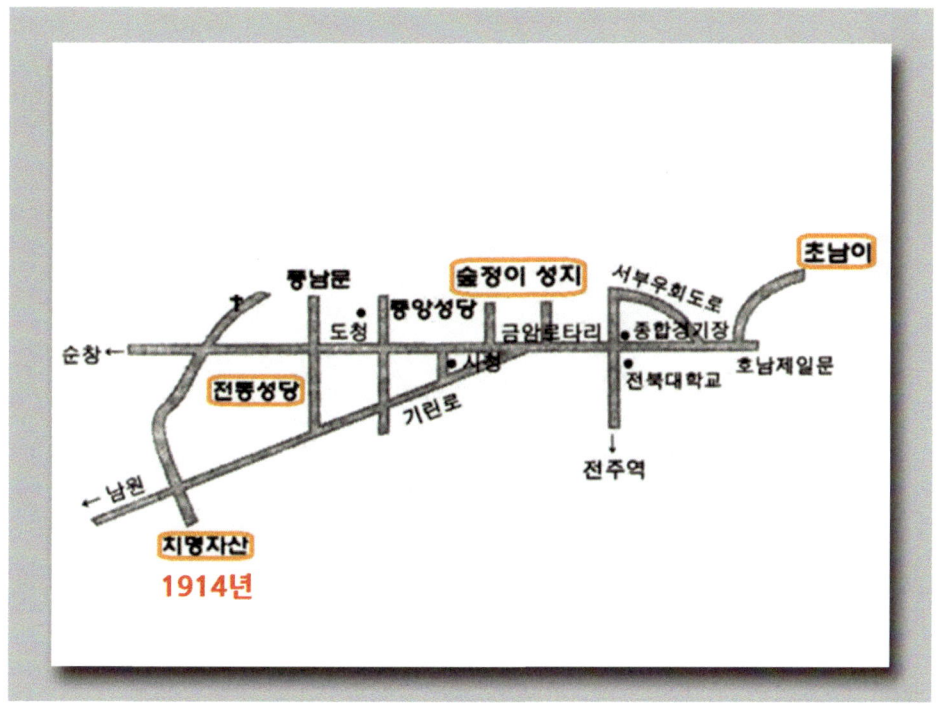

"

그들의 유해는 한참 후
치명자산으로 옮겨졌습니다.

"

52

"

치명자산은 '몽 마르뜨'입니다.
'순교자의 산'입니다.

"

53

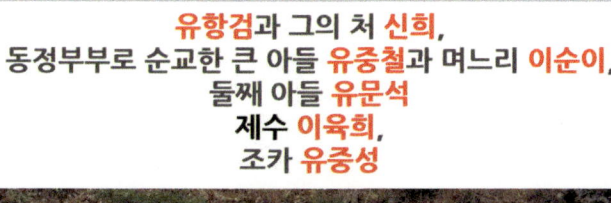

"

치명자산 높은 곳에 유항검의 가족은 합장되어 있습니다.

"

54

"

위주치명.
주를 위해 생명을 드린 사람들입니다.

"

55

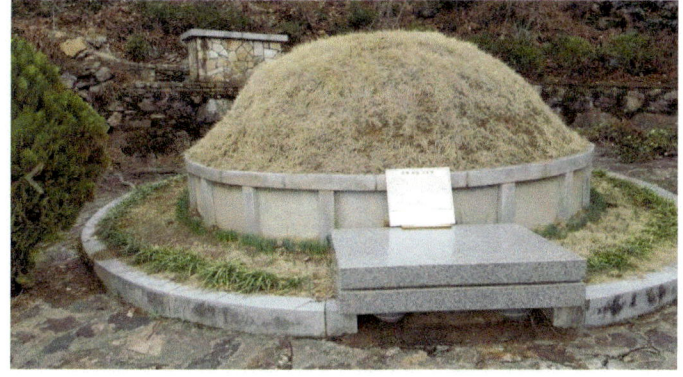

유항검과 그의 처 신희,
동정부부로 순교한 큰 아들 유중철과 며느리 이순이,
둘째 아들 유문석
제수 이육희,
조카 유중성

장녀 유섬이 묘토(2019년)

"

이 합장묘에는 특별한 흙이 뿌려져 있습니다.
유섬이의 묘토가 뿌려져 있는 것입니다.

"

56

장녀 유섬이 묘토(2019년)

"

열다섯 살이 안 되는 유항검의 세 자녀는
경상도와 전라도 먼 섬으로 귀양보내졌습니다.
모두 노비의 신분이었습니다.
셋째 아들 유일석과
넷째 아들 유일문의 흔적은 이 땅에서 사라졌습니다.
중죄인의 자식이고 노비 신분인 그 어린 아이들을 누가 보살폈겠어요.
맏딸 유섬이는 꿋꿋하게 71살까지 살아

"

57

> "
> 그 묘가 거제도에 남아 있습니다.
> 유섬이는 평생을 동정으로 살았습니다.
> 어릴 적에 본 큰오빠와 새언니의 동정부부 삶을
> 아름답게 여겼나 봅니다.
> 죽음과 유배로 헤어진 뒤, 200년이 훌쩍 지나, 큰딸은 흙이 되어
> 엄마 아빠 그리고 큰오빠와 새언니 등의 무덤에 간 것입니다.
> 유일석과 유일문은 이 세상에서는 흙이 되어서라도
> 엄마 아빠 무덤에 가지 못했습니다.
> "

58

> "너희 자신을 위해 보물을 쌓아두지 말라.
> 거기서는 좀과 녹이 부패시키며
> 거기서는 도둑들이 뚫고 훔치느니라.
> 오직 너희 자신을 위해 **보물을 하늘에 쌓아두라**.
> 거기서는 좀과 녹이 부패시키지 아니하며
> 거기서는 도둑들이 뚫지도 훔치지도 못하느니라.
> 너희 보물이 있는 곳에,
> 거기에 너희 마음도 있으리라."
> *(마태복음 6:19-21)*

"지상의 갑부"

"

유항검은 갑부였습니다.
호남의 큰 부자였습니다.
그러나 그는 귀한 보물을 하늘에 쌓고

"

59

> "너희 자신을 위해 보물을 쌓아두지 말라.
> 거기서는 좀과 녹이 부패시키며
> 거기서는 도둑들이 뚫고 훔치느니라.
> 오직 너희 자신을 위해 **보물을 하늘에 쌓아두라**.
> 거기서는 좀과 녹이 부패시키지 아니하며
> 거기서는 도둑들이 뚫지도 훔치지도 못하느니라.
> 너희 보물이 있는 곳에,
> **거기에 너희 마음도 있으리라.**"
> (마태복음 6:19-21)

"지상의 갑부"

"

마음을 온통 하늘에 두었습니다.

"

60

유항검과 가족

"

그런 그와 그의 가족은
죽어야 할 죄인이었고,

"

61

유항검과 가족

"

고난과 조롱을 당하였으며,

"

62

유항검과 가족

"

죽임을 당하고 묻혔습니다.

"

63

> 멸문지화(滅門之禍)
>
> 재산몰수
>
> 파가저택(破家瀦宅)
>
> 실패자?

"

멸문지화를 당했고,
그 많던 재산은 몰수되었으며
파가저택의 벌을 받았습니다.
유항검과 그 가족은 실패자들인가요?

"

64

"

유항검 가족의 합장묘는 치명자산 높은 곳에 있습니다.
(해당 부분을 가리키며)
이 길을 따라

"

65

"
십자가의 길 14처가 조성되어 있습니다.

"

66

"

1처입니다.
어린 양 예수는 죽어야 할 죄인이었습니다.

"

67

제14처 예수께서 무덤에 묻히심

"

14처입니다.
예수는 십자가에서 죽은 후 무덤에 묻혔습니다.
이곳에 합장묘와 기념 성당이 있습니다.

"

68

"

어느 해인가 전주교구장 주교가 십자가를 지고
십자가의 길을 오르며 그들을 아름답게 기억하였습니다.
지금도 많은 사람이 그 길을 오르며
아름다운 그 가족을 기억합니다.
유항검과 그 가족은 실패자가 아닙니다.

"

69

"

저도 얼마 전에 올랐습니다.
제가 오를 때는 7월 중순이었는데
철쭉이 그 늦은 계절에 피어 순례자를 반겼습니다.
유항검 가족이 예쁜 꽃이 되어
이 순례자를 반기는 듯하였습니다.

"

70

"유항검홀"
"요한루갈다광장"
"요한루갈다관"
"섬이정원"

유일석(6살, 흑산도)
유일문(3살, 신지도)

"
치명자산 아래에는 큰 건물이 있습니다.
건물 곳곳이 유항검 일가를 기념합니다.
'유항검홀', '요한루갈다관',
'요한루갈다광장', '섬이정원'이 있습니다.
이곳저곳에서 어린 두 아들도 느껴졌습니다.
유항검과 그의 가정은
'지상의 갑부'이더니
"

71

> **"천상(天上)의 갑부"**
> **"지상(地上)의 갑부"**

"

지금은 '천상의 갑부'입니다.

"

72

"

"

73

"

이 아름다운 성당의 모습에서

"

74

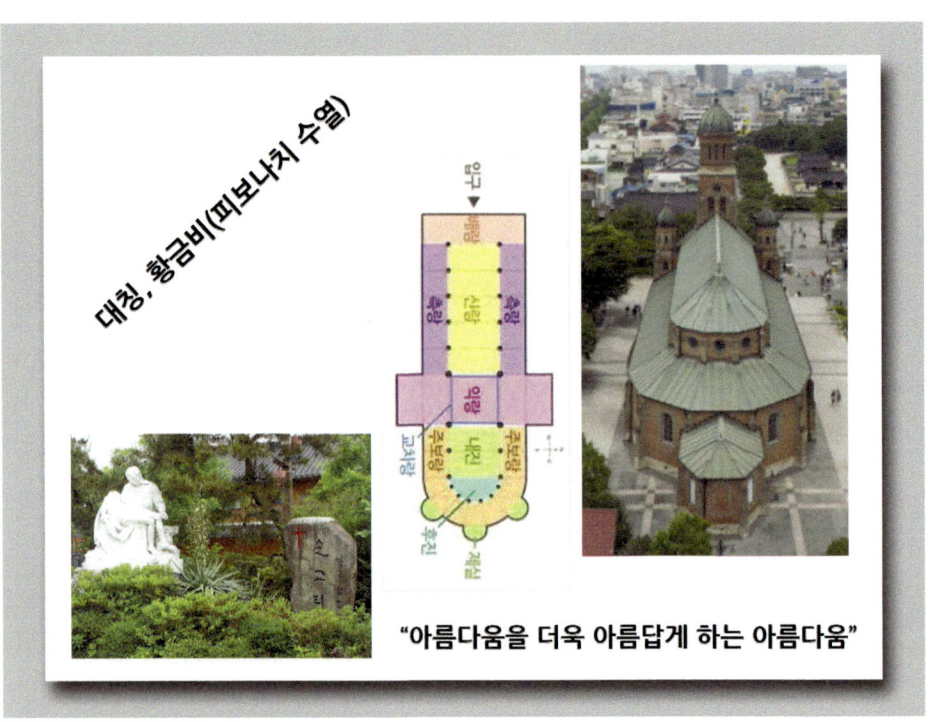

"
성당의 구석구석에서
수학을 이야기할 수 있습니다.
대칭 또는 황금비를 이야기할까요?
왜 갑자기 수학을 이야기하냐고요?
아름다움이 있는 곳에는 수학이 있기 때문입니다.
'수학은 아름다움을 더욱 아름답게 하는 아름다움'입니다.
"

75

"

전동성당에는

"

76

"

정8각형이 있습니다.

"

77

"

정12각형도 있습니다.

"

78

"

해미성지에도 정8각형과 정12각형이 있던데
수 '8'과 '12'가 뜻하는 신앙적 의미는 무엇일까요?
그 이야기를 해도 좋을 것 같습니다.
그러나 저는 오늘
더 쉬운 수학 이야기를 하고자 합니다.

"

79

> "신해박해"
> "신유박해"
> "기해박해"

"
'신해박해'
'신유박해'
'기해박해'
각각이 일어난 해를
"

80

"신해박해" 1791
"신유박해" 1801
"기해박해" 1839

"

1791년, 1801년, 1839년이라고 하면 쉬울 텐데

"

81

> "신해"
>
> "신유"
>
> "기해"

"
왜 이렇게 불렀을까요?
당시 조선에는 수학에 기초한 서양 문명이 들어오질 않았습니다.
조선에는 수학이 없었습니다.
수학이 없으니 많이 불편했겠죠?
그런데
"

82

"
이렇게 부르는 데에도 규칙이 있으니
여기에도 수학이 있어야 합니다.
기초적인 수학이 여기에 있습니다.
"

83

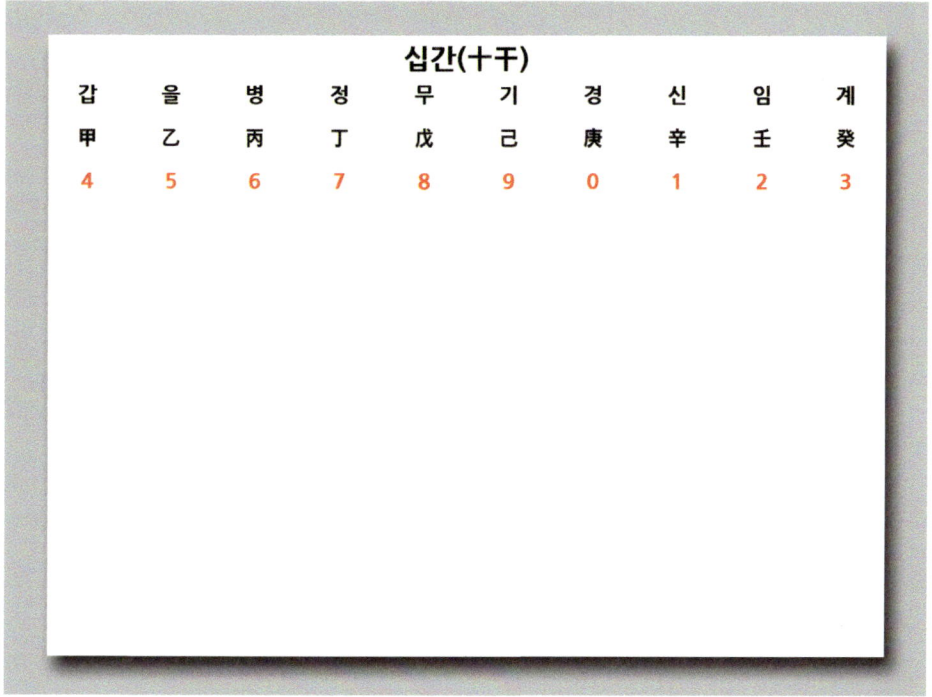

"

십간을 수로 나타냅시다.

"

84

십간(十干)									
갑	을	병	정	무	기	경	신	임	계
甲	乙	丙	丁	戊	己	庚	辛	壬	癸
4	5	6	7	8	9	0	1	2	3

십이지(十二支)											
자	축	인	묘	진	사	오	미	신	유	술	해
子	丑	寅	卯	辰	巳	午	未	申	酉	戌	亥
4	5	6	7	8	9	10	11	0	1	2	3
쥐	소	호랑이	토끼	용	뱀	말	양	원숭이	닭	개	돼지

"

십이지도 수로 나타냅시다.

"

85

십간(十干)									
갑	을	병	정	무	기	경	신	임	계
甲	乙	丙	丁	戊	己	庚	辛	壬	癸
4	5	6	7	8	9	0	1	2	3

십이지(十二支)											
자	축	인	묘	진	사	오	미	신	유	술	해
子	丑	寅	卯	辰	巳	午	未	申	酉	戌	亥
4	5	6	7	8	9	10	11	0	1	2	3
쥐	소	호랑이	토끼	용	뱀	말	양	원숭이	닭	개	돼지

"신해 1791"

"신유 1801"

"기해 1839"

"

1791과 1801 각각의 끝자리가 '1'이니 첫 글자가 '신'입니다.
1839의 끝자리가 '9'이니 첫 글자가 '기'입니다.

"

86

십간(十干)									
갑	을	병	정	무	기	경	신	임	계
甲	乙	丙	丁	戊	己	庚	辛	壬	癸
4	5	6	7	8	9	0	1	2	3

십이지(十二支)											
자	축	인	묘	진	사	오	미	신	유	술	해
子	丑	寅	卯	辰	巳	午	未	申	酉	戌	亥
4	5	6	7	8	9	10	11	0	1	2	3
쥐	소	호랑이	토끼	용	뱀	말	양	원숭이	닭	개	돼지

십간(十干)

"신해 1791" $1791 = 10 \times 179 + 1$

"신유 1801" $1801 = 10 \times 180 + 1$

"기해 1839" $1839 = 10 \times 183 + 9$

"

수의 끝자리가 '1'이라는 말은 그 수를 10으로 나누면
나머지가 '1'이라는 말과 같습니다.
수의 끝자리가 '9'라는 말은 그 수를 10으로 나누면
나머지가 '9'라는 말과 같습니다.
1791, 1801, 1839 각각을 10으로 나누면 나머지가 1, 1, 9이므로
각각의 첫 글자는 '신' '신' '기'입니다.
앞의 글자는 10간이 이렇게 결정합니다.

"

87

십간(十干)									
갑	을	병	정	무	기	경	신	임	계
甲	乙	丙	丁	戊	己	庚	辛	壬	癸
4	5	6	7	8	9	0	1	2	3

십이지(十二支)											
자	축	인	묘	진	사	오	미	신	유	술	해
子	丑	寅	卯	辰	巳	午	未	申	酉	戌	亥
4	5	6	7	8	9	10	11	0	1	2	3
쥐	소	호랑이	토끼	용	뱀	말	양	원숭이	닭	개	돼지

"신해 1791"

"신유 1801"

"기해 1839"

십이지(十二支)

"

뒤의 글자는 어떻게 결정될까요?
십이지가 결정합니다.

"

88

십간(十干)									
갑	을	병	정	무	기	경	신	임	계
甲	乙	丙	丁	戊	己	庚	辛	壬	癸
4	5	6	7	8	9	0	1	2	3

십이지(十二支)											
자	축	인	묘	진	사	오	미	신	유	술	해
子	丑	寅	卯	辰	巳	午	未	申	酉	戌	亥
4	5	6	7	8	9	10	11	0	1	2	3
쥐	소	호랑이	토끼	용	뱀	말	양	원숭이	닭	개	돼지

십이지(十二支)

"신해 1791" $1791 = 12 \times 149 + 3$

"신유 1801" $1801 = 12 \times 150 + 1$

"기해 1839" $1839 = 12 \times 153 + 3$

"

1791, 1801, 1839 각각을 12로 나누면
나머지가 3, 1, 3입니다.
따라서 각각의 뒷글자는 모두 '해' '유' '해'입니다.

"

89

갑	을	병	정	무	기	경	신	임	계
甲	乙	丙	丁	戊	己	庚	辛	壬	癸
4	5	6	7	8	9	0	1	2	3

자	축	인	묘	진	사	오	미	신	유	술	해
子	丑	寅	卯	辰	巳	午	未	申	酉	戌	亥
4	5	6	7	8	9	10	11	0	1	2	3
쥐	소	호랑이	토끼	용	뱀	말	양	원숭이	닭	개	돼지

2022년

"
연습문제를 하나 풀어 봅시다.
올해 2022년은 무슨 해일까요?
"

90

갑	을	병	정	무	기	경	신	임	계
甲	乙	丙	丁	戊	己	庚	辛	壬	癸
4	5	6	7	8	9	0	1	2	3

자	축	인	묘	진	사	오	미	신	유	술	해
子	丑	寅	卯	辰	巳	午	未	申	酉	戌	亥
4	5	6	7	8	9	10	11	0	1	2	3
쥐	소	호랑이	토끼	용	뱀	말	양	원숭이	닭	개	돼지

2022년 임

"

끝자리가 '2'이니 첫 글자는 '임'입니다.
2022를 10으로 나누면 나머지가 2이므로
첫 글자는 '임'이라는 말입니다.
한편,

"

91

갑 甲 4	을 乙 5	병 丙 6	정 丁 7	무 戊 8	기 己 9	경 庚 0	신 辛 1	임 壬 2	계 癸 3
자 子 4 쥐	축 丑 5 소	인 寅 6 호랑이	묘 卯 7 토끼	진 辰 8 용	사 巳 9 뱀	오 午 10 말	미 未 11 양	신 申 0 원숭이	유 酉 1 닭

(술 戌 2 개 / 해 亥 3 돼지)

2022년 임인

$$2022 = 12 \times 168 + 6$$

"

2022를 12로 나누면 나머지가 6이므로
2022년의 뒷글자는 '인'입니다.
2022년은 임인년입니다.
호랑이띠입니다.

"

92

"
해미읍성은 명나라 효종 4년인 신해년에 세웠습니다.
1491년입니다.
그후 300년이 지나, 신해박해가 있었습니다.
신해박해는 해미읍성 성축의 '다섯 환갑' 잔치였습니다.
기막힌 잔치였습니다.
신해박해 이후 해미읍성에는 수많은 순교자가 서기 때문입니다.
"

93

> 1779년: 천진암 강학회
> 1839년: 기해박해
>
> 60년 : 환갑(還甲)
>
> "自生한 기독 신앙" : 순교(殉敎)

"

1839년 기해박해는
1779년 기해년에 있었던 천진암 강학회의 환갑입니다.
이 또한 기막힌 환갑잔치였습니다.
'자생한 생기'를 '순교'로 환갑을 기념한 것입니다.

"

94

"

"

95

신해박해(1791)

신유박해 (1801)

기해박해(1839)

병인박해(1866)

"

전주는
신해박해, 신유박해에 이어
기해박해, 병인박해 기간에도
순교의 땅이었습니다.

"

96

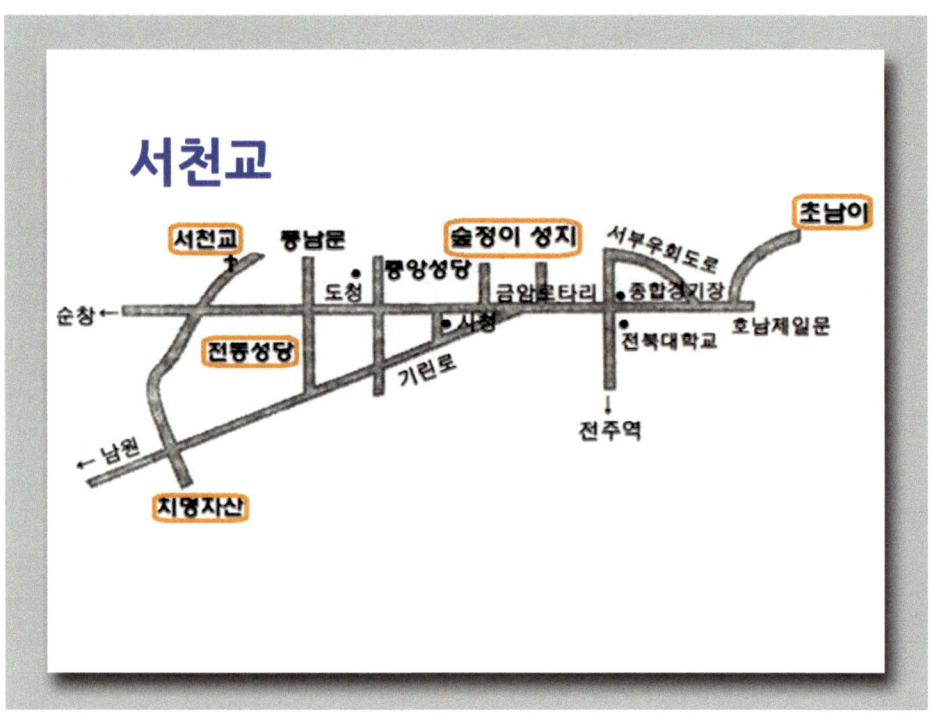

"

전동성당 가까이에 서천교가 있습니다.

"

97

"

안내문은 이곳이 순교지였음을 알려줍니다.

"

98

"

1866년, 병인박해 때
서천교 다리 밑이 순교지였습니다.

"

99

조윤호 요셉(1848-1866)

아버지 조화서 베드로: 네 마음이 변할까 염려된다.
　　　　　　　　　　관장 앞에서 진리대로 말하여라.
아들 윤호 요셉: 염려하지 마십시오.
　　　　　　　　아버님께서도 조심하십시오.

"
조윤호는 아버지의 신앙이 너무 아름다워
아버지의 신앙을 따르기로 했습니다.
그것은 곧 순교의 길을 따르려는 것이었습니다.
그러한 아들에게 아버지는 '담대하라'고 격려합니다.
멋진 아버지입니다.
아들은 아버지에게 '염려마시라'고 합니다.
아름다운 아들입니다.
"

100

"

서천교 다리 밑에서,
그곳에서 놀던 부랑자들이
조윤호의 목을 졸라 죽임으로

"

101

"

조윤호는
그렇게 사모하던 하늘나라로 갔습니다.

"

102

> 조윤호 요셉
>
> 18세
>
> "성인(聖人, the Saint)"

"
순교할 때, 조윤호 나이는 18세였습니다.
얼마 전, 한국의 젊은 청년 하나는 18세에
세계 피아노 콩쿠르에서 우승하여 세계적인 영웅이 되던데,
18세 청년 조윤호는 그 나이에 순교하여
'성인(聖人, The Saint)' 품에 올라
세계 뭇 기독 신앙인들의 존경을 받고 있습니다.
"

103

"

서천교 옆에 초록바위가 있습니다.

"

104

"

지금은 절개되어 도로가 생겼지만,
얼마 전까지만 해도 초록바위는
전주천 변의 낭떠러지였습니다.

"

105

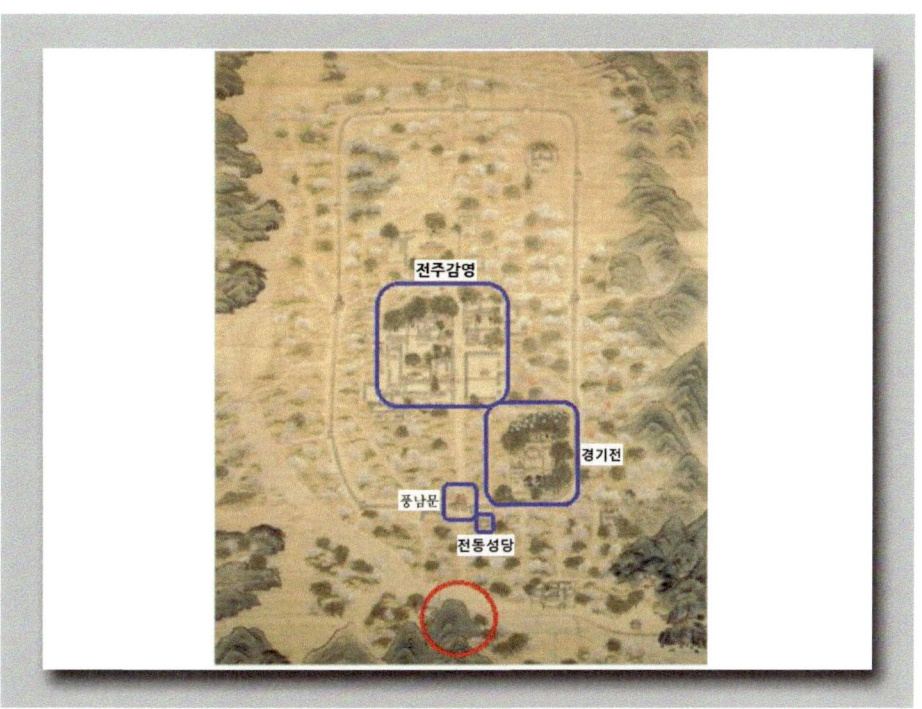

"

옛 지도를 보니
천변에 낭떠러지가 그려져 있군요.

"

106

1866 병인박해
1867년

"

병인박해 다음 해인 1867년,
초록바위에서 두 청년이 죽임을 당하고 전주천에 버려졌습니다.

"

107

"

세상은 그들을 죽이고 버렸지만
하나님은 그들에게
순교의 면류관을 씌우고 품에 안으셨습니다.

"

108

1866년: 14세

남명희(南明熙)

"믿음의 근본은 오로지
뜻을 정성스럽게 하는데 있습니다.
천주님은 천지의 대군대부(大君大父)이신데
어찌 배교할 수 있습니까?"

1867년: 15세

"
그 두 청년은 1866년에 사형을 선고받았지만
15살이 되지 못함으로 사형을 집행할 수 없어
감옥에 가뒀다가
15살이 되면 사형을 집행하게 되어있었습니다.
감사는 그 착한 청년들을 살리고 싶었습니다.
너무 착한 청년들이었거든요.
남명희는 그중 한 명입니다.
"

109

1866년: 14세

남명희(南明熙)

"믿음의 근본은 오로지
뜻을 정성스럽게 하는데 있습니다.
천주님은 천지의 대군대부(大君大父)이신데
어찌 배교할 수 있습니까?"

1867년: 15세

"
병인박해 순교자 남종삼의 아들입니다.
전라감사는
천주를 부인하고, 더 이상 신앙생활을 하지 않겠다고
하여 죽음을 면하라고 했습니다.
그러나 남명희의 신앙은 반석이었습니다.
"

110

> **1866년: 14세**
>
> **남명희(南明熙)**
>
> "믿음의 근본은 오로지
> 뜻을 정성스럽게 하는데 있습니다.
> 천주님은 천지의 대군대부(大君大父)이신데
> 어찌 배교할 수 있습니까?"
>
> **1867년: 15세**

"

남명희는 나이 15세가 된 1867년에 순교합니다.
아버지를 따라 순교의 잔을 마신 것입니다.
이름이 알려지지 않은 또 한 명의 청년은

"

111

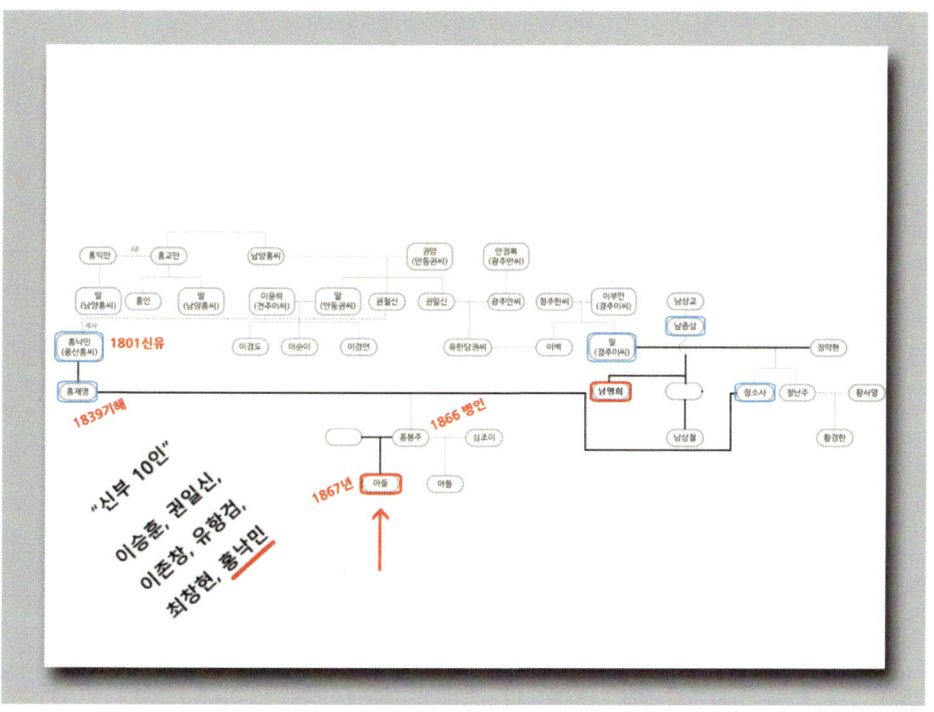

"

병인박해 순교자 홍봉주의 아들입니다.
홍봉주의 아버지 홍재영은 기해박해 때 순교했고,
홍재영의 아버지 홍낙민은
가성직제도에서 신부로 활동하다가
신유박해에 순교한 사람입니다.
이 청년이 1867년에 순교함으로
이 가문에는 4대에 걸쳐 순교자가 섰습니다.

"

112

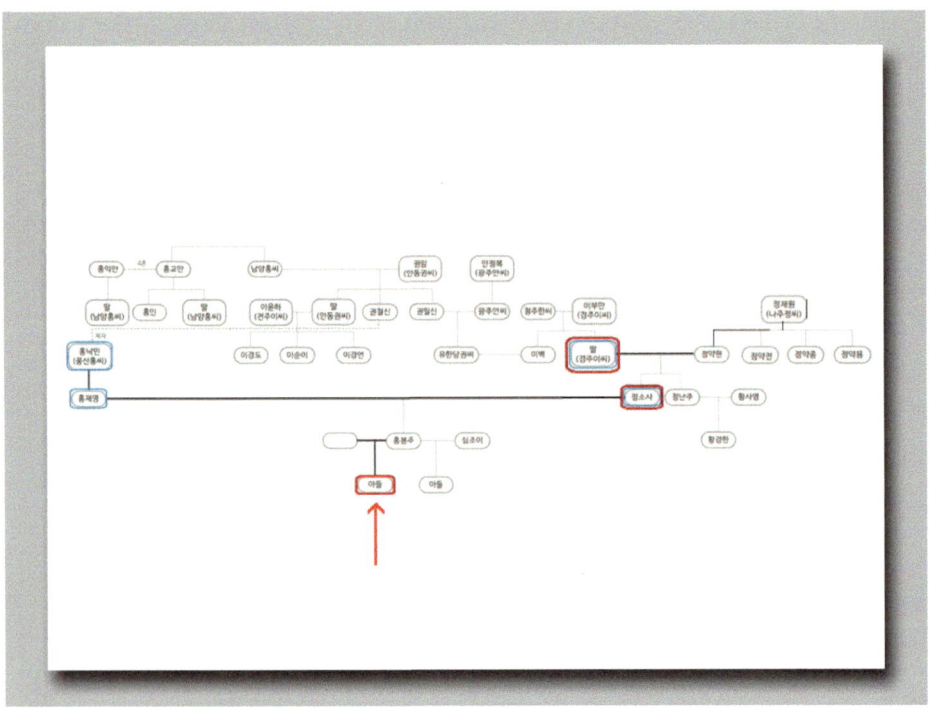

"

이 청년 순교자의 할머니 정소사는
이벽의 누이며
정약종의 형수인 경주 이씨의 딸입니다.
남편 옆에 묻히지 못하고

"

113

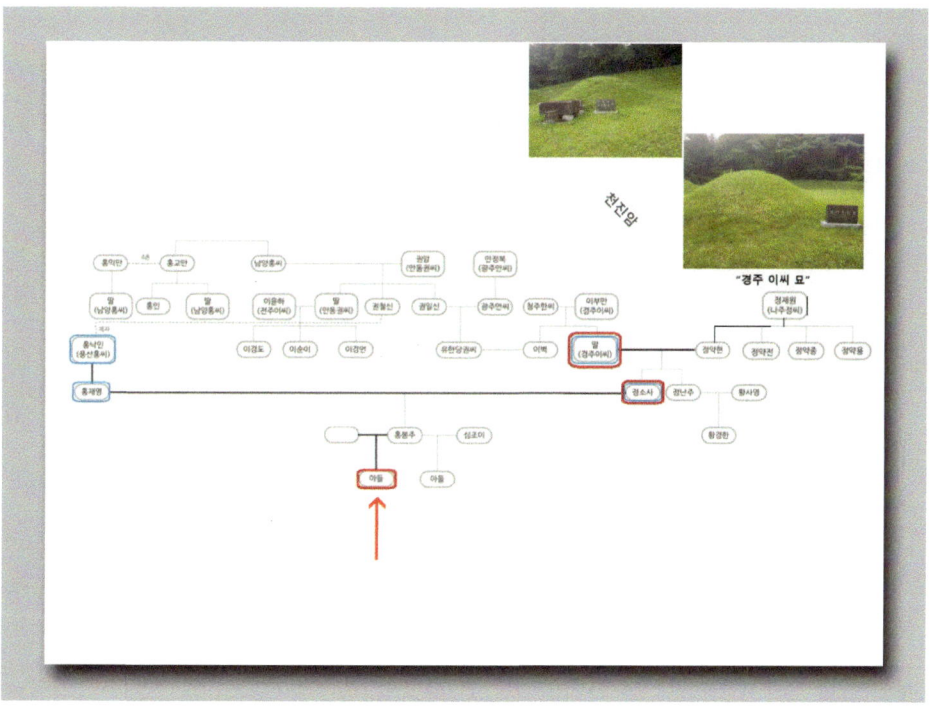

"

천진암
친정아버지 무덤 앞에 묻힌 그 여인입니다.
전주에 있는 성지는 천진암 성지와 무관하지 않습니다.

"

114

"

서천교의 이 그림들과

"

115

초록바위

"

초록바위의 이 그림들은

"

116

"

천진암의 이 그림들
그리고

"

117

"

이 그림들과 닮지 않았나요?
모두 같은 화가의 작품이 아닐까요?
그렇습니다.

"

118

"남용우 마리아"

"

남용우 마리아입니다.
현재 생존해 있는 여성 화가입니다.

"

119

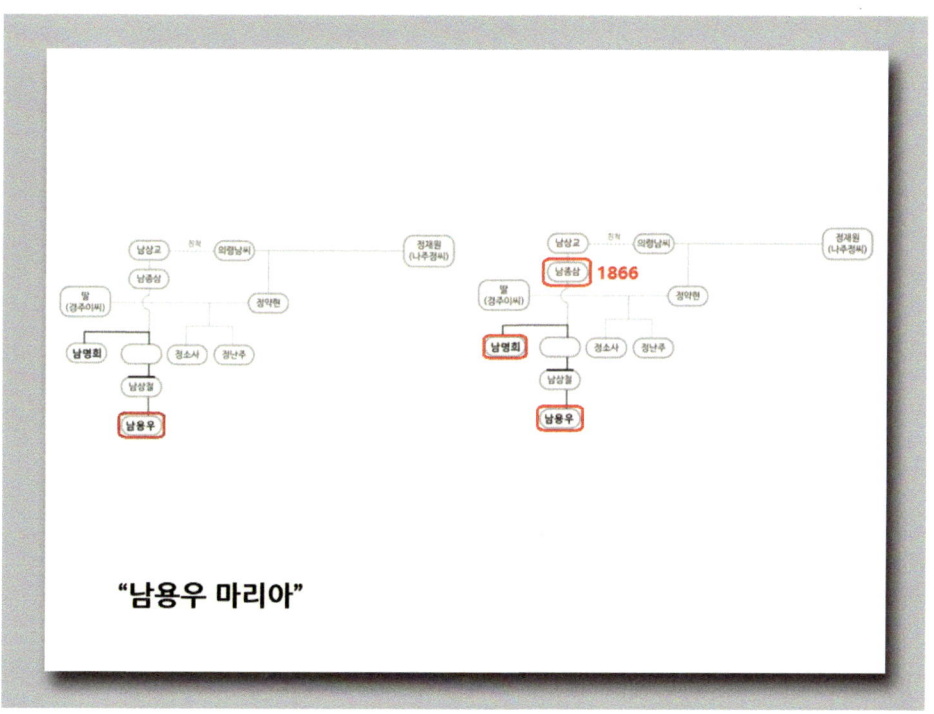

"남용우 마리아"

"

작가의 가계도입니다.
작가의 큰 할아버지가 남명희입니다.
초록바위에서 순교한 그분입니다.
작가의 증조할아버지는 병인박해 순교자 남종삼입니다.

"

120

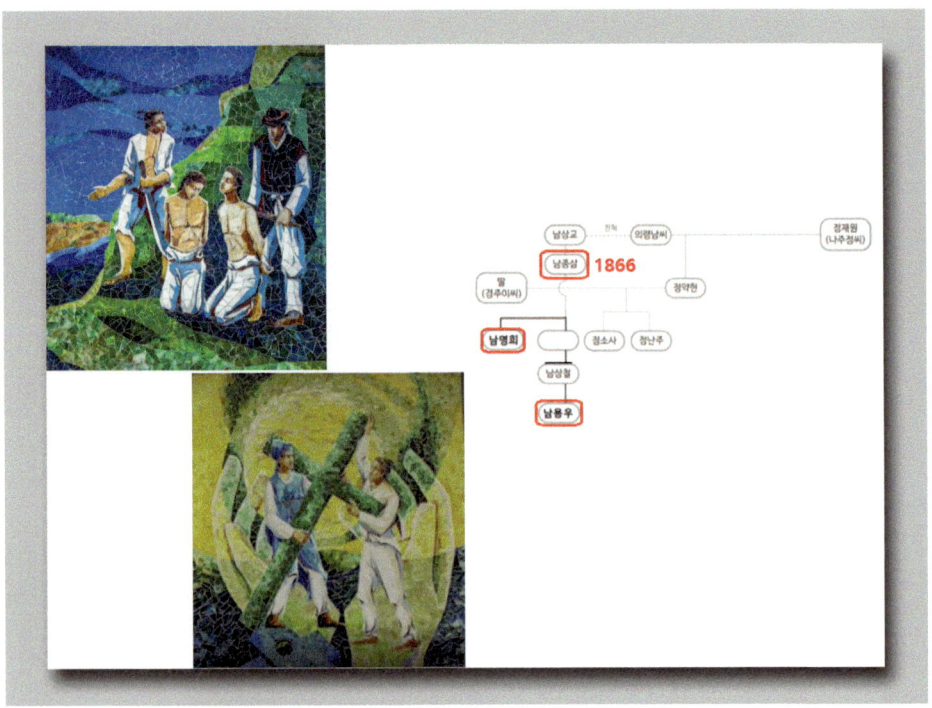

"

큰할아버지의 순교장면을 그릴 때,
화가는 어떤 느낌이었을까요?
영광의 면류관을 쓴 큰할아버지의 모습이
자랑스러웠을 것 같아요.

"

121

"

"

122

18세기 말: 한국 전통, 예루살렘 전통, 아테네 전통

권력

백성

"

한국전통이
예루살렘 전통과 아테네 전통과 거칠게 부딪히고 있을 때,
권력은 사력을 다해 외국 전통을 짓밟았습니다.
자신들의 기득권에 심각한 위험이라고 여겼을 것입니다.
그러나 백성은 모든 것을 자연스럽게 받아들이고,
아름답게 가꾸어 가고 있었습니다.

"

123

"

하얀 옷을 입고 예배드리는 모습입니다.
조선의 백성들은 왜 그렇게
하얀 옷을 좋아했는지 모르겠어요.
마음들이 착해서 그러지 않았을까요?

"

124

"

마루 밑에 놓인 여러 켤레의 짚신들이 정겹습니다.

"

125

> "자생"
>
> "가성직제도"
>
> "童貞夫婦" 유중철 이순이
> "누이여, 천국에서 만납시다."
> "오라버님"

"
백성들은 스스로 모여 예배드리며 '자생' 교회를 이뤘습니다.
백성들은 지극한 열정으로 '가성직제도'를 실시하였습니다.
자생교회와 가성직제도는 세계 교회사에 유례가 없는
한국 교회의 특별한 모습이었습니다.
'동정부부'도 그렇습니다.
동정의 남편 유중철은 동정의 아내에게
편지로 인사를 전하고 천국에 갔습니다.
"

126

"자생"

"가성직제도"

"童貞夫婦" 유중철 이순이
"누이여, 천국에서 만납시다."
"오라버님"

"
아내 이순이가 받아 본 편지에는
'누이여, 천국에서 만납시다'라고 쓰여 있었습니다.
아내 이순이도 곧 순교하여
'오라버님'을 따라 하늘나라에 갔습니다.
(준비한 작은 책을 들어 보이며)
이순이가 순교하기 전에 엄마와 언니들께 남긴 편지입니다.
'누이여, 천국에서 만납시다'가 여기에 기록되어 있습니다.
이 편지에는 이런 내용도 있습니다.
"

127

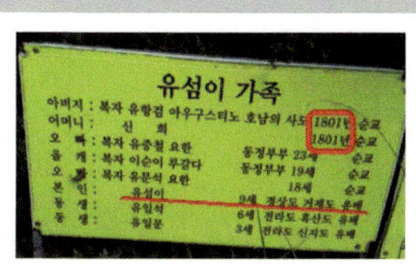

"우리 세 분 시동생은
아홉 살, 여섯 살, 세 살 밖에 안 된 아이들인데,
이들을 각각 거제도, 흑산도, 신지도로
멀리 유배시키니,
어찌 그런 꼴을
차마 볼 수가 있겠습니까?"

"

'우리 세 분 시동생은
아홉 살, 여섯 살, 세 살밖에 안 된 아이들인데,
이들을 각각 거제도, 흑산도, 신지도로 멀리 유배시키니,
어찌 그런 꼴을 어찌 차마 볼 수가 있겠습니까?'

"

128

다블뤼(M. Daveluy, 1818-1866) 주교
"한국 순교사의 가장 찬란한 진주"

"

다블뤼 주교는 조선에서 20년 이상을 활동하며
'예수를 가진 자가 모든 것을 가진 자'라고 가르쳤습니다.
그는 한 편지에서
동정부부는 '한국 순교사의 가장 찬란한 진주'라고 했습니다.

"

129

"

다블뤼 주교도
수천의 순교자를 낳은 1966년 병인박해 때,
다른 순교자들과 함께
충남 보령 갈매못에서 순교하였습니다.

"

130

"

전주읍성의 옛 지도입니다.

"

131

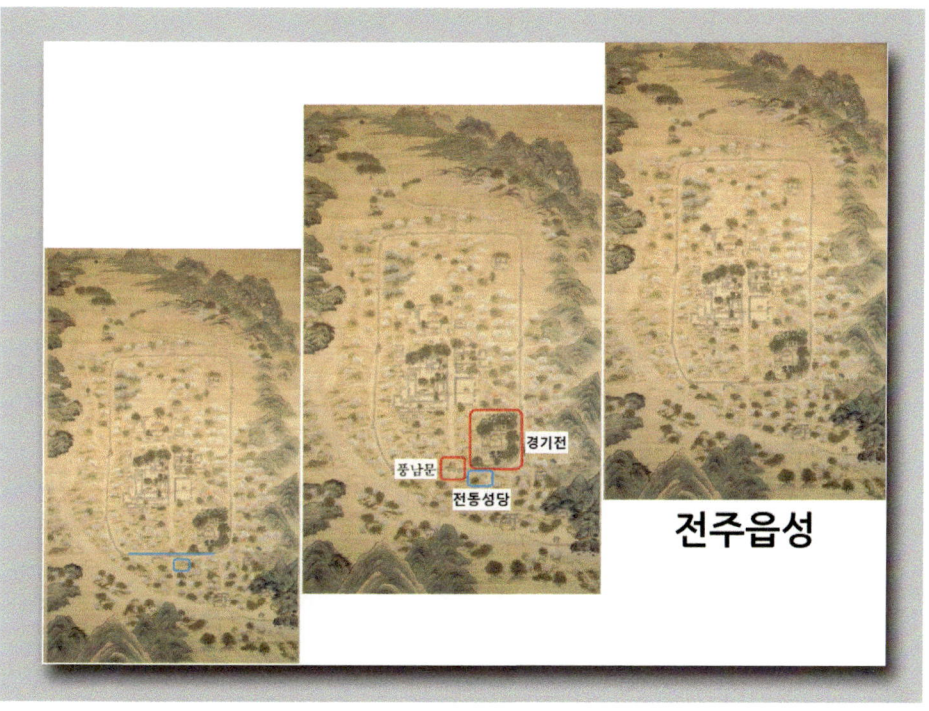

"
(가운데 그림에서 해당 지역을 가리키며)
풍남문과 경기전입니다.
(가운데 그림에서 해당 지역을 가리키며)
이곳이 훗날 전동성당이 서는 곳입니다. 순교현장이었습니다.
(왼쪽 그림에서 해당 지역을 가리키며)
이 성벽의 돌들은 윤지충, 권성연, 유항검 등의 순교를 지켜봤습니다.
일제 강점기 때에 성벽이 헐렸습니다.
그 돌과 흙은
"

132

"

전동성당의 기초와 벽이 되었습니다.
성당의 붉은 벽돌들이 특히 그러합니다.
성당의 돌들은 순교를 지켜봤습니다.
성당에 쓰인 목재는 치명자산에서 왔습니다.

"

참고문헌

신현용(2018). **수학: 학제적 대화코드**, 매디자인.

신현용(2019-2022). **수학 산책, 한국수학교육학화 뉴스레터**, 35권 3호 통권 181호~ 제38권 제3호 통권 200호, 한국수학교육학회.

신현용(2020). **심포니아 마테마티카**, 매디자인.

신현용(2023). **수학,**, 매디자인.

신현용·신혜선·나준영·신기철(2014). **수학 IN 음악**, 교우사.

신현용·유익승·문태선·신기철·신실라(2015). **수학 IN 디자인**, 교우사.

* 저자와 출판사는 이 책에 사용된 사진 중 일부의 저작권자를 찾지 못하였습니다. 저작권자를 찾으면 사진의 사용 허가에 관하여 논의하겠습니다.

예루살렘과 아데네의 대화 V

2023년 8월 31일 초판 인쇄
2023년 8월 31일 초판 발행

지은이 신현용
펴낸이 신실라
편집자 신실라

펴낸곳 매디자인
주소 충청북도 청주시 흥덕구 오송읍 오송생명1로 152, 802-2401
전화 010-8448-1929
이메일 mathesign@naver.com
홈페이지 mathesign.com
등록 2016. 06. 17 제2016-000025호

ⓒ 2023. 매디자인
이 책의 무단전재와 무단복제를 금합니다.

979-11-969776-7-2
값 30,000원